中国拳击教练员*胜任力*模型构建与实证研究

卜宪贵 著

九州出版社 | 全国百佳图书出版单位

图书在版编目（CIP）数据

中国拳击教练员胜任力模型构建与实证研究 ／ 卜宪
贵著. -- 北京：九州出版社，2019.6
　　ISBN 978-7-5108-8127-5

　　Ⅰ．①中… Ⅱ．①卜… Ⅲ．①拳击－教练员－人才管
理－研究－中国 Ⅳ．①G886.125

中国版本图书馆CIP数据核字(2019)第115776号

中国拳击教练员胜任力模型构建与实证研究

作　　者	卜宪贵　著
出版发行	九州出版社
地　　址	北京市西城区阜外大街甲 35 号（100037）
发行电话	(010)68992190/3/5/6
网　　址	www.jiuzhoupress.com
电子信箱	jiuzhou@jiuzhoupress.com
印　　刷	北京九州迅驰传媒文化有限公司
开　　本	880 毫米×1230 毫米　32 开
印　　张	7.375
字　　数	200 千字
版　　次	2019 年 6 月第 1 版
印　　次	2019 年 6 月第 1 次印刷
书　　号	ISBN 978-7-5108-8127-5
定　　价	58.00 元

序　言

　　改革开放以来，我国竞技体育事业发展取得了巨大成绩，特别是 2008 年北京奥运会，中国体育代表团取得了金牌数第一的优异成绩，极大地振奋了全体国民，提高了中华民族的凝聚力。习近平总书记 2017 年 8 月 27 日在天津会见全国体育先进单位和先进个人代表时，提出了"体育强则中国强，国运兴则体育兴。要把发展体育工作摆上重要日程，精心谋划，狠抓落实，不断开创我国体育事业发展新局面，加快把我国建设成为体育强国"。

　　卜宪贵博士作为一名具有职业拳击经历和学术造诣的体育专业人士，在泰国正大管理学院博士求学期间，系统研究了我国拳击教练员胜任力问题。其通过人力资源管理视域，遵循胜任特征研究范式，运用文献资料法、实地调研法、关键事件技术访谈法、数理统计法，结合具体情景，分析了我国拳击教练员的胜任特征，构建了我国拳击教练员胜任力模型。在对拳击教练员胜任力模型进行理论阐述后，通过拳击教练员工作绩效预测效应对该模型进行验证，证明了拳击教练员胜任力模型信效度，其研究为我国拳击教练员人力资源选拔、考核、晋升管理机制提供了借鉴。

　　本书旨在通过应用人力资源管理胜任力理论与方法，在分析与归纳基础上，通过哲学思辨，深入拳击运动特质属性，建立了定量与定性相结合的拳击教练员胜任力评价模型及拳击教练员胜任力评价量表，来丰富拳击教练员胜任力评价方法，为拳击教练员胜任力评价由经验、感性上升到定量、理性提供依据，为系统分析拳击教练员胜任规律提供较坚实的理论基础。本书不但促进了人力资源管理学与体育学学科交叉研究的融合度，还充实、丰富了体育学理论研究，对推动我国拳击运动人力资源管理理论与实践，促进我国拳击运动发展具有重要价值。

中国国家拳击队前主教练

中国人民解放军拳击队总教练

2019 年 3 月 25 日

前　言

　　拳击运动竞技水平飞速发展，要求中国建立优秀拳击教练员人才培养体系。本研究从管理学人力资源角度出发，认为要拥有可持续发展的优秀拳击教练员队伍体系，必须拥有一套科学的拳击教练员人才管理体系，将能够胜任拳击教练员岗位的或者具有发展潜力的拳击教练员甄别、选拔出来，才能以一种科学、客观的准则对拳击教练员进行选拔、培训和考评。

　　本书通过文献查阅、资料收集及行为事件访谈法、数理统计分析方法等进行研究，通过对中国优秀拳击教练员进行行为事件访谈提取拳击教练员胜任力要素，构建初始拳击教练员胜任力量表，对开发量表进行信、效度检验，并对收集数据进行探索性因素分析，探索中国拳击教练员胜任力模型维度结构；对中国拳击教练员胜任力模型进行验证性因素分析，利用结构方程模型数学方法验证胜任力模型维度结构，探讨各维度之间关系，验证拳击教练员胜任力模型维度结构；提出中国拳击教练员胜任力模型并以拳击教练员绩效作为效标对其胜任力模型进行实证效度检验；探讨中国拳击教练员胜任力模型在拳击教练员人力资源管理实践中具体运用。通过构建中国拳击教练员胜任力模型，促进中国拳击教练员选拔、培养、管理的科学化。

目　录

第一章　引言

1.1 选题的背景、意义及目标

1.1.1 选题背景

当前中国特色社会主义进入了新时代，习近平总书记重要讲话，高屋建瓴，思想深邃，内涵丰富，牢牢把握住了加快建设体育强国梦定位，为做好新时代我国体育工作指明了前进方向，即加快群众体育、竞技体育和体育产业协调发展，推动我国体育事业不断取得新进步，实现体育强国梦。

习近平新时代中国特色社会主义对我国竞技体育事业发展提出了新的发展目标和方向。因此我国竞技体育如何在保持已有优势运动项目成绩基础上，进一步挖掘非优势运动项目潜力，推动竞技体育全面可持续发展，实现体育强国这一目标已成为新时代我国竞技体育发展的关键课题之一。从系统论角度来看，竞技体育系统由人、财、物、信息、制度、管理等相互作用的要素组成。在竞技体育组成众要素中，"人"的要素处于其核心地位，其余各要素都必须围绕"人"这一要素进行。竞技体育最重要的人员组成要素就是教练员与运动员，教练员是运动训练的直接组织者和设计者，是运动员的教育者和指导者。

我国竞技体育发展已有成功经验充分证明，教练员对运动员培养，对我国优势运动项目和非优势运动项目的可持续发展均具有重要战略意义。当前我国竞技体育正处于结构性变革阶段，竞技体育正朝着规范化和健全化迈进，拳击运动作为我国非优势竞技体育项目，虽然起步晚，但发展迅速，拳击职业联赛体系已经建立，特别是邹市明、张小平、张志磊在北京奥运会上获得了两金一银，实现了我国拳击运动在奥运会上历史性突破，进一步推动了拳击运动在我国的开展。拳击教练员作为运动训练和比赛的指导者，其执教能力的高低直接关系着拳击运动员的竞技水平，影响着拳击比赛的精彩程度。因此，当前我国拳击教练员的胜任能力能否与拳击运动快速发展需求相互匹配，成为人们关注的焦点问题。

《国家中长期人才发展规划纲要》中指出，"人才资源是第一资源，人才问题是关系党和国家事业发展的关键问题"。教练员是发展体育事业尤其是竞技体育的关键人才。现代竞技体育的成功经验证明：一个国家能培养出多少世界冠军，首先在于他们能够拥有多少具有世界级水平的教练员。

拳击教练员在拳击训练过程中占有主导地位，是整个训练计划的制定者与执行者，运动员在拳击台上的竞争实际是教练员执教能力的竞争。随着拳击赛事的丰富与完善，目前已形成系统且丰富的赛事体系（如下表 1.1 所示）。

表 1.1 拳击体育赛事体系表

级别	比赛名称
国际级比赛	奥运会、世锦赛、世界杯、世青赛、国际职业联赛、国际拳联排名赛、国际邀请赛
洲际比赛	亚运会、东亚运动会、远东运动会、亚锦赛、亚青赛
国家级比赛	全运会、城运会、锦标赛、冠军赛、精英赛、邀请赛、青年锦标赛、少年锦标赛

拳击教练员需根据竞赛计划合理地安排多年、年度以及阶段性的训练计划，进行系统的专业训练，同时由于拳击竞赛项目的特殊性，运动员基本上每天都要进行身体对抗训练，因此运动损伤不可避免，教练员还要合理有效地预防运动伤病的发生，做好运动训练全过程的

监控。随着竞技体育的高速发展，对教练员的素质与技能要求更加严格，拳击教练员的专业化、职业化要求越来越高，教练员成为了一种高度专业化、科学化的职业。

我国现有的拳击体系属于业余拳击体系，即奥运拳击体系，以追求锦标和竞技运动成绩为主要目的。随着国际拳联"去业余化"的发展趋势，我国的拳击逐渐从专业化向职业化转变，教练员的职业化需要教练员掌握相应的职业技能与素质，而教练员职业素质的获得需要教练员个体长期的运动实践、专业学习与内省反思总结，还需要在特定的组织情景下进行系统、全面的教育与培训，这是一个长期的系统工程，因此优秀的拳击教练员是一种稀缺的人才资源。

从管理学人力资源有效配置的角度来看，拳击教练员的职业化就是将执教理念先进、执教技能突出、专业知识丰富、心理素质稳定的人配置在胜任的岗位上，达到人岗匹配。当今世界职业拳坛最具影响力的梅威瑟的教练老梅威瑟、曼尼帕奎奥的教练罗奇都是世界各国和拳击组织争相抢夺的资源，这说明教练员人力资源开发对拳击赛事的发展具有重要的战略意义。

教练员人力资源开发与培训的重点在于促进教练员素质的发展。教练员的素质即通过训练实践与培训等教育活动所具有形成的较为稳定的身体、精神及社会的基本特质。教练员素质提高与发展需要系统完善的体系规划与相关的制度措施保障。德国、加拿大、澳大利亚、美国、英国、日本等国家相继建立了较为完善的教练员职业资格培训与认证制度，为提高教练员的职业素质创造了条件。各国教练员等级划分与培训机构见表1.2，培训时间与形式见表1.3。

表 1.2 各国教练员等级划分与培训机构

国家	教练员等级划分	培训机构
德国	一级教练员、二级教练员、三级教练员、硕士级教练员	一级、二级、三级教练归体育协会。硕士级教练员归教练员学院。（Fornoff. J.1994）
加拿大	一级教练员、二级教练员、三级教练员、四级教练员、五级教练员	一级、二级、三级教练归地方体育协会。四级、五级教练归教练员学院。（Emiola. 2001）
澳大利亚	高级教练员、中级教练员、大学、俱乐部教练员、中小学教练员	全国教练员委员会负责计划实施。周晓东（1995）
美国	大师级水平、领导者水平、志愿者水平	大专院校、中小学全国体育联合会。（成佩 . 2011）
日本	竞技类体育指导者资格、体育运动指导者资格、运动医生资格、健身体育指导者资格、体育俱乐部管理者资格	体育协会领导、单项体育协会。（林毅 . 2007）
英国	国家级教练、高级教练、教练、助理教练、预备教练	全国教练基金会负责体育教育机构实施计划。（陈宁 . 1996）
中国	高级教练员（国家级、高级）、中级教练员、初级教练员（二级、三级）	高级教练员归总局教练员学院、中级、初级教练员归省市体育局。（高立东 . 2007）

表 1.3 各国教练员培训时间与形式一览表

国家	各国教练员岗位培训时间与形式一览表
德国	1 /3 时间学习体验；1 /3 时间作为教练员助理到国家队、省或俱乐部工作； 1 /3 时间到国家队、省或俱乐部从事实际训练工作。（Kilzer R M.1994）
加拿大	1 级 14 学时；2 级 21 学时；3 级 35 学时； 4~5 级 1 年培训，并进行赛季间歇 2 个月实践。（Monsuru Lasun.2001）
澳大利亚	1 级 14 学时；2 级 60 学时；3~4 级 >100 学时； 1~2 级教练员采用自学或面授形式； 3~4 级教练员参加短期培训和进修。（陈宁 .1996）
美国	需进行 6 个月的 3 阶段学习。林永峰（2011）
日本	1. 公共体育科学训练理论：C 级 >150h、B 级 >75 h、A 级 >75 h； 2. 专项运动理论知识的技能：C 级 >350 h、B 级 >175 h、A 级 >175 h。（贺新成 .2005）
英国	1. 单元课程：采用普通形式或体育特有方式授课； 2. 综合课程：把一般基础知识纳入管理机构人员所学体育专业单元课程中； 3. 自学单元课程：将所学知识运用于教练员实际工作中； 4. 混合授课形式：自学、面授、实习（整个课程学习过程中有 7 次，每次 3 天）。（陈宁 .1996）
中国	岗位培训为 2 个月，授课时数 >230 学时，采取脱产形式； 专项理论与基础理论学时比为 3∶7； 理论讲授与实际操作学时比为 5∶5。（高立东 .2007）

通过表 1.2、表 1.3 的我们可以清晰地看到德国、美国、英国、加拿大、日本、澳大利亚等国都非常重视教练员人力资源的开发，加强教练员素质的提高与培训，完善职业资格认证与评估体系。

我国的体育管理部门一直非常重视对教练员素质的培养，在国家体育总局的领导下，通过多年的努力，我国已经形成了一个以学历教育为基础，以教练员岗位培训为重点，包括各类短期培训和信息服务等多种形式的教练员培训体系。（高立东.2007）通过系统的继续教育和岗位培训，我国体育教练员的整体水平有了大幅的提高。然而，通过表1.3可以看出，我国岗位培训时间为2个月，过长时间的培训会影响到教练员正常的训练工作，尤其在备战重要比赛时期，长时间的岗位培训安排，常常会造成很大的困难。拳击的训练是一个长期的系统体系，教练员根据运动训练的规律制定科学的多年、常年训练计划，由于项目的特殊性，教练员很难抽身去长时间地学习与培训，造成了各省教练员没法抽身进行长时间培训进修的客观现实。

2008年北京奥运会上，我国取得了51块金牌，金牌总数第一、奖牌总数第二的巨大成就。拳击比赛获得历史性突破，邹市明与张小平双双夺冠。然而四年以后的2012年伦敦奥运会上，我国奥运会上金牌总数下滑到38块，拳击金牌也只有1块，奥运竞赛成绩的大幅度下滑引起了国家体育总局的高度重视，教练员的选择任用等人岗匹配问题成为了业界关注的焦点。

在国际拳坛中，我国拳击运动的整体实力与美国、古巴等拳击强国存在着一定的差距，而要实现我国竞技拳击运动的大发展，其中重要的一项工作就是提高我国拳击教练员的职业素质。教练员作为拳击运动训练的组织者、指导者、控制者和管理者，在训练和比赛的过程中影响着运动员竞技能力的获得和提高。

我国以奥运战略为目标，以业余拳击为重点，以"举国体制"下专业队建设及职业赛事举办为主的拳击运动发展模式，促进了业余拳击运动与职业拳击运动的发展，在2008北京奥运会上拳击项目取得了历史性突破，夺得业余拳击赛事首金。随着中国拳击运动不断发展，业余拳击与职业拳击相互影响并依存发展，使中国拳击运动向深层次、宽领域发展。

国际业余拳击联合会向职业拳击领域的拓展等因素促使中国进入到发展职业拳击运动阶段。虽然中国拳击运动员奥运会拳击比赛首金突破，极大地鼓舞了中国拳击界士气，但仅是在一些单项水平上达到高级水平。由于历史、人才、训练体制建设等各方面原因，中国拳击运动发展仍与世界高水平国家有较大差距。

2012年伦敦奥运会上中国体育代表团拳击项目成绩下滑，伦敦奥运会后中国国家体育总局拳跆管理中心对国家男子拳击队教练组与女子拳击队教练组进行了大幅度人员调整，旨在尽快扭转国内拳击不利局面，以适应日益激烈的国际竞技体育竞争。2013年国际拳联宣布拳击"去业余化"，即奥运会体系的业余拳击要向职业化发展，从赛制时间、比赛规则、评判胜负的标准等进行改革，此次赛事改革对近30年业余训练体系的中国拳击运动无疑是巨大挑战。2014年拳击世锦赛，中国拳击代表团铩羽而归，究其原因为教练员没领会拳击的发展趋势，训练、比赛思维仍停留在业余拳击时代，教练员接受新鲜事物能力、再学习能力影响了中国拳击运动国际化步伐。

在拳击运动训练全过程的体系中，教练员与运动员的构成是重要组成部分，拳击教练员起主导作用，运动员是训练主体。拳击教练根据参赛计划与任务制定训练周期计划、多年计划、年度计划等，负责训练目标的达成。拳击教练员对于拳击项目发展趋势以及拳击项目制胜规律的认知直接影响了拳击运动员。拳击"十分制"竞赛规则的改变对于还停留在打点获胜的教练员思维就是一个很好的案列佐证，教练员的执教能力和个人综合素质决定了拳击运动员的竞赛水平的高度。

随着科技的飞速发展，拳击训练中的科技含量日益提高，对于拳击运动员训练负荷的监控、运动营养、运动损伤的预防、运动疾病的康复、运动心里的调节、比赛信息图像的收集、比赛战术的制定等运动训练各阶段的衔接与训练任务的达成，都离不开教练员团队的合作与系统资源的整合。在拳击项目从专业化向职业化进程中，教练员的综合能力和胜任素质显得尤为重要，现代竞技比赛已经得到了充分的证明，让专业的人去做专业的事，让胜任的人做胜任的事，达到人岗匹配，教练员人力资源开发对运动项目发展具有重要战略意义。

拳击教练员胜任素质的获得需要一个长期的系统学习与内省反思，需要在长期的运动训练中积累。执教技能的获得需要在特定的组织情境下进行实践与积累，把握运动项目制胜规律，对于项目发展趋势有着精准独到的解读，引领项目的发展方向，训练体系有着鲜明的风格，技术训练体特点鲜明，需要不断提高教练员个体的胜任能力。

李智、王春明与王德新（2007）认为教练员人力资源开发与培训重点在于促进教练员素质发展和提高，因此需要系统、完善的体系规划与相关制度措施保障教练员素质的发展。教练员是竞技体育中最具有创造性的因素，一个运动项目的发展需要一批结构优化、布局合理、素质优良的教练员人才队伍，因此对我国实现竞技体育可持续发展和体育强国的战略目标来说，我国竞技体育需要一支稳定的教练员队伍和能够应付未来竞技体育发展的充足的教练员人力资源储备。拳击教练员职业素质的提高与发展，有赖于建立一套高效的选拔、培训、考核和激励机制，而这又取决于科学有效的评价方法和技术工具。

从目前中国拳击运动发展现实状况来看，中国拳击教练员人才资源主要存在以下问题：1. 中国现有体制内尚无严格拳击教练员选拔与评聘制度，国内拳击教练员多数是由优秀专业运动员退役后被各级体育组织任命为教练员，教练员必由运动员出身思想仍占主导；2. 中国拳击教练员综合素质不高，缺乏稳定可持续的高水平拳击教练员群体。部分拳击教练员训练理念陈旧、训练方法和手段落后、创新意识和研究能力不强、知识面相对狭窄；3. 中国拳击教练员工作评估体系不健全。如何保证中国拳击运动发展对教练员数量需求，如何科学遴选、有效培养和激励拳击教练员等问题没有得到很好解决；4. 针对拳击教练员所需职业素质研究，中国国内研究尚属空白。优秀拳击教练员需具备哪些素质与能力，优秀拳击教练员与一般拳击教练员在哪些素质上存在差异还没有定论。

拳击运动竞技水平飞速发展，要求中国建立优秀拳击教练员人才培养体系，但由于上述现状的存在造成了对高水平拳击教练员人才需求与数量短缺之间的矛盾。这种矛盾如果得不到解决必然会制约中国拳击运动发展。从管理学人力资源角度来看，要拥有可持续发展的优秀拳击教练员队伍体系，必须拥有一套科学的拳击教练员人才管理体系，将能够胜任拳击教练员岗位的或者具有发展潜力的拳击教练员甄别、选拔出来，而要运转这样一个完善的拳击教练员人才选拔、培养、管理体系，其首要任务就是建立一个能够准确识别优秀教练员或发展潜力的拳击教练员的人才评价指标体系及评价指标，才能以一种科学、客观的准则对拳击教练员进行选拔、培训和考评。

怎样才能建构一个科学有效的优秀教练员评价指标体系以及制定具体的评价指标，首先必须明确哪些是支撑拳击教练员取得优异成绩的个人素质，并以此来建构拳击教练员的评价指标体系，以及制定相应的评价指标。综上所述，要保障我国拳击竞技事业稳定及可持续发展，迫切需要一套能够甄别、评价、选拔优秀教练员或具有潜质的教练员评价体系，但这个体系必须要具备以下几点才可以有可操作性。

1. 评价的准确性。构建的评价指标体系能够客观准确地反映拳击教练员的胜任能力，即指标体系具体化，可测量可评价，具有实用性和可操作性。

2. 评价指标与高绩效的必然性。构建的评价指标体系中的具体指标与教练员的高绩效执教存在必然性关系。即教练员拥有了该素质指标将表现出高绩效，反之教练员若无高绩效，则该体系中的素质指标必然低下。

3. 评价体系的稳定性。构建的评价指标体系中的指标素质应具有不随时间变化的相对稳定的特点，只有那些在拳击教练员身上表现出来的在时间尺度上相对稳定不变的素质才能有效地去预测一个具有优秀教练员潜质的人其未来可能的绩效表现。

近十年的国内学者对优秀教练员所需要具备的素质和能力进行了系统研究。学者以足球教练员、篮球教练员、田径教练员、体操教练员、武术教练员等为研究对象探讨优秀的教练员应该具有的素质和能力，分别从思想觉悟、心理素质、专业知识、专项能力、管理指挥等方面对教练员的绩效进行探讨，但由于对于优秀教练员的"素质"没有明确的定义，同时对于素质研究的理论依据不够清晰，对于优秀教练员所具有的素质指标与绩效的必然关系也没有逻辑分析清楚。因而不符合优秀教练员评价体系所要求的评价的准确性、评价指标与高绩效的必然性、评价体系的稳定性三项原则。

比如很多研究结论中认为优秀的教练员需要具备高尚的思想道德修养与高尚的思想道德品质。的确高尚的思想道德修养与高尚的思想道德品质是优秀教练员的必备素质之一，但这只能说具备了高尚的思想道德修养与高尚的思想道德品质教练员，有可能会成为一名优秀的教练员，但也有可能受到环境的影响或其他素质和能力的限制，并不能成为一名优秀教练员。这也就是说一般的教练员的思想道德修养与思想道德品质并不一定就不高，因此高尚的思想道德修养与高尚的思想道德品质这一指标并不能有效地将优秀教练员与非优秀教练员加以区分。

刘波（2012）、邬珞阳（2013）研究认为优秀的教练员应具有爱岗敬业精神和执着的敬业精神，但是这项指标也没法区分优秀教练员和普通教练员，普通的教练员不一定不爱岗敬业，可能受能力或其他素质的影响没有成为优秀的教练员。

曲绍华（2014）、邬珞阳（2013）研究认为优秀的教练员需要具有丰富的专业知识与技能，这是一个静态的指标，从发展的角度看，知识和技能是长期学习和积累的结果，丰富的专业知识和扎实的专业技能是教练员成功的一个必要条件，但是当优秀教练员没有成功前他的知识和技能的学习和积累也没有达到巅峰状态。当今的知识更新换代以及专项理论与技术规则的修改变更使得教练员要不断地加强学习，现在丰富的专业知识和技能过两年以后可能就变成一般教练员所具备的知识和技能了。因此如果以知识、技能作为甄别选拔优秀教练员指标的话，那些知识、技能上还未达到巅峰水平但具备发展前途和潜质的教练员就会被筛选掉。而同时那些仅具备一些知识、技能而无胜任潜质的教练员却有可能被错误地安排在不能胜任的岗位。

以管理学人力资源管理视角研究我国特定的竞技体育组织情境下拳击教练员的胜任力问题时，发现研究胜任力理论正好为研究优秀拳击教练员素质提供了成熟的理论基础和方法学基础。而这也恰恰是本文构建优秀拳击教练员素质评价体系及确定具体评价指标的起点。

管理学领域把在特定的组织情境中能够区分绩效优异与平庸的素质和技能界定为胜任力。Spencer L M（1993）来自现代管理科学的胜任力测评技术是制定职业素质内容和标准的科学且有效的方法和手段。它可以是知识、技能、社会角色、自我概念、特质和动机等，即任何可以被可靠测量或计数的并且能显著区分优秀与普通绩效的个体的特征。

胜任力理论在现代人力资源管理领域得到了广泛运用。并在人力资源的选拔、岗位培训、资格认证、绩效评估等实践活动中起着基础性的作用。胜任力构成个体的人力资本，决定个体的工作绩效，可以帮助个体或组织获得持续的竞争优势。因此，胜任力理论为教练员人力资源开发的研究提供了新的视角。研究教练员的胜任力，对于教练员职业评估、教练员人力资源开发、促进教练员职业素质的提高，乃至推动竞技体育的发展都会有着重要的理论和实践意义。

因此以管理学人力资源管理视角研究中国特定竞技体育国情下拳击教练员胜任力问题，胜任力理论为研究优秀拳击教练员素质提供了成熟理论基础和方法学基础，而这也是本文构建优秀拳击教练员素质评价体系及确定具体评价指标起点。针对性发展中国拳击教练员职业素质，借鉴胜任力研究理论和实践，构建中国优秀拳击教练员胜任力模型并量化其具体评价指标体系，对提高中国拳击教练员人力资源管理与开发水平具有重要现实意义。

1.1.2 选题意义

理论意义：通过相关的文献检索与查找，目前国内外学者还没有对优秀拳击教练员的素质进行的相关研究，特别是胜任力研究国内尚属空白。本文借鉴管理学中的人力资源胜任力理论在体育组织中来进行研究，以中国拳击教练员素质研究中存在的问题与不足作为研究起点，利用质性研究方法，归纳分析提取相关教练员胜任特征指标，在此基础上通过行为事件访谈法、问卷调查法等建构中国优秀拳击教练员胜任力模型。通过对拳击教练员胜任力模型构建与测评研究，以期促进中国拳击教练员人力资源开发，促进中国拳击运动发展。

实践意义：

第一，通过对我国优秀拳击教练员胜任力模型的构建研究可以有效地提高我国拳击教练员个体的素质水平。通过对我国拳击教练员胜任力模型的建构以及具体指标评价量表的开发，可以明确拳击教练员核心素质的发展内容，从而有针对性地提高拳击教练员个体的胜任力水平。

第二，目前我国专业拳击教练员的选拔、任命、评聘尚无科学有效的评价体系与指标评判标准，对于教练员的任用与选拔侧重于运动成绩、专业技能与专业知识的考核，至今多数人仍保留着教练员必须是运动员出身的传统思想，国家体育总局以及各省市体育局在选聘教练员时重点考查教练员的执教成绩和本人的运动经历，注重经验与技能，这种只考虑其外显特征而忽略个体内在潜质的人才选拔评价方法显然是不客观、不科学的。通过对我国优秀拳击教练员胜任力模型的构建研究，寻找出影响优秀教练员绩效的核心素质以及评价指标体系，可以为我国拳击教练员的选拔、评聘等管理工作提供科学的方法和工具。

第三，为体育管理职能部门制定拳击教练员素质培养计划提供依据，加强培训的针对性和时效性。研究背景中讲到我国目前教练员培训的现状，由于拳击训练的特殊性和系统性，教练员很难从繁忙的训练事务中脱身参加专业培训，如何在有效的时间内有针对性最大限度地提高教练员的素质是体育管理部门管理者必须要考虑的问题。基于本文构建的优秀拳击教练员胜任力模型中的各种指标体系，结合教练员的现状，进行有针对性的培训学习，从而切实有效地提高教练员的职业素质。

1.1.3 研究目标

胜任力测评技术是科学有效的甄别、评价一定组织情境下绩效优异与平庸的技术，在我国竞技体育教练员人力资源管理领域有着广泛的应用前景。针对我国目前拳击教练员人才体系的现状，探究我国拳击教练员胜任力素质的研究，能够科学有效地进行教练员的评价、选拔、培训以及预测绩效。对于我国发展保持稳定的优秀拳击教练员队伍具有积极的促进作用，同时对于教练员的职业素质以及职业发展具有积极的意义。通过文献检索发现，目前国内外学者还没有对优秀拳击教练员素质进行相关研究，特别是关于其胜任力研究在中国国内尚属空白。

鉴于国内外对教练员职业素质以及胜任力研究的现状，本研究的目的在于对我国的教练员的胜任素质与能力做系统的评述，找出我国教练员素质研究中存在的不足作为研究的起点，同时利用质性研究方法，归纳分析提取出相关胜任力指标，建构出我国优秀拳击教练员胜任力模型，并在此基础上编制胜任力评价量表进行信效度检验，然后发放问卷，将绩效作为外部校标进行大样本的检测，以保证所建构模型的科学性和有效性。通过对我国优秀拳击教练员胜任力模型的构建与测评研究以期为我国拳击教练员人力资源开发提供参考依据，有益于我国拳击教练员胜任力水平的提高与竞技拳击运动的发展，从而拓展胜任力研究对象范围，丰富胜任力理论研究体系，为胜任力理论在拳击教练员人力资源开发与管理应用中提供实证支持。

1.2 研究对象

本研究以中国拳击教练员胜任力模型构建为研究对象。

被试样本：拟选取我国现行"三级"训练体系中部分省市拳击专业队中不同性别、年龄、工作年限和职称的现役教练员。

行为事件访谈对象为高级和国家级的拳击教练员。（部分国家队拳击教练员）

问卷调查样本为部分省市拳击专业运动队的拳击教练员。

1.3 研究计划与内容框架

1.3.1 研究计划

本研究是以构建中国拳击教练员胜任力模型为核心而展开的。

第一阶段是基础性的研究工作，包括对现有文献的梳理和分析，并对拳击教练员进行定性研究工作。通过对相关文献的综合分析，找出各个学科领域对胜任力概念的阐释、建模和检验方法的运用。对比分析不同学科领域和文化背景下研究者对胜任力的理解和界定所存在的差异，并在此基础上进行综合创新，形成中国拳击教练员胜任力研究的提纲。

第二阶段是关键事件访谈和内容分析。通过对中国优秀拳击教练员进行行为事件访谈以提取拳击教练员的胜任力要素，并以此构建初始的拳击教练员胜任力量表，对开发的量表进行信效度检验，并对收集的数据进行探索性因素分析，探索中国拳击教练员胜任力模型的维度结构。

第三阶段采用扎根理论的质性研究方法，遵循扎根研究流程，对于行为事件访谈文本进行信息提取，依次进行三级编码，建构拳击教练员胜任力模型，验证并检验之前建构的胜任力模型。

第四阶段对中国拳击教练员胜任力模型进行验证性因素分析。利用结构方程模型数学方法验证胜任力模型的维度结构，探讨各维度之间的关系，验证拳击教练员胜任力模型的维度结构。

第五阶段提出中国拳击教练员的胜任力模型并以拳击教练员的绩效作为效标对其胜任力模型进行实证效度检验。

第六阶段探讨我国拳击教练员胜任力模型在教练员人力资源管理实践中的具体运用。

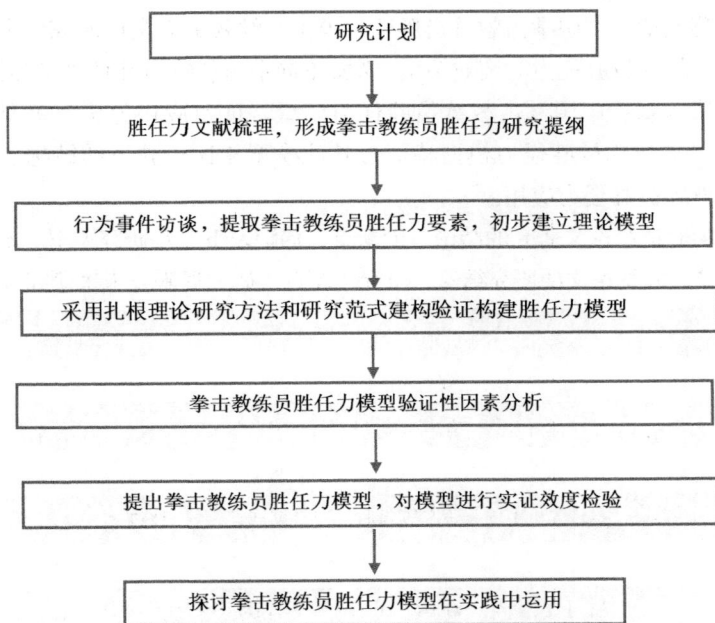

图 1.1 论文研究计划图

1.3.2 研究内容

第一章：引言。主要提出选题背景与研究目的、意义、内容、研究目标、研究对象、研究计划、研究内容、创新点、研究方法等。

第二章：理论基础与文献综述。主要阐述胜任力相关理论概述、胜任力模型及其主要成果、胜任力的研究方法及其国内外各行业胜任力理论研究主要理论观点进行梳理、评述已有研究对本文研究思路和方向启示等。

第三章：中国拳击教练员胜任力模型理论建构与检验。主要提出中国拳击教练员胜任力模型理论结构，并对其进行检验。

第四章：采用扎根理论研究方法和研究范式建构中国拳击教练员胜任力模型，验证并检验所建构的拳击教练员胜任力模型。

第五章：中国拳击教练员胜任力模型与绩效关系实证研究。主要考察拳击教练员胜任力与绩效关系，考察不同拳击教练员胜任水平和特点。

第六章：中国拳击教练员胜任力模型特征及应用分析。主要研究中国拳击教练员胜任力模型特征与其他模型相比较独特的结构、中国拳击教练员胜任力应用。

第七章：论文研究的结论、创新点、局限及下一步研究展望。本章主要总结、归纳论文的研究结论、研究创新点、研究局限及未来研究方向。

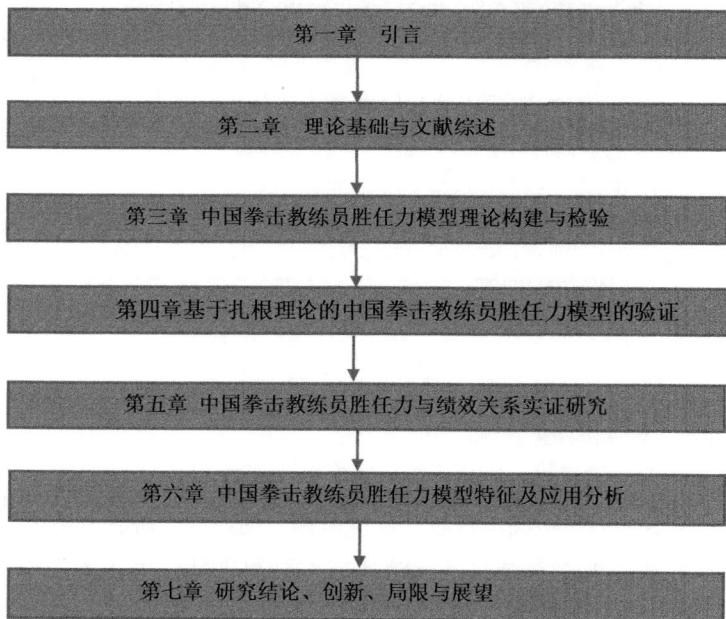

图 1.2 论文研究内容结构图

本研究试图在胜任力理论的指导下，在前人研究的基础上，对中国拳击教练员进行研究，研究的主要内容包括：中国拳击教练员胜任力模型的建构；中国拳击教练员胜任力模型的验证；编制拳击教练员胜任力评价量表；考察拳击教练员的胜任力与绩效的关系；考察不同拳击教练员胜任的水平和特点；与其他模型相比较独特的结构；探讨胜任力模型的应用与进一步的研究方向。

本研究的重点在于构建中国拳击教练员胜任力模型。Boyatzis（1982）等学者提出的胜任力通用模型包括 18 项胜任特征，并分属于 6 个维度。我国学者周西宽（1993）等认为体育教练员的业务素质是一个包括专业知识、专业技能和个性特征等多因素的结构。

根据这些研究，我们可以初步设想中国拳击教练员的胜任力应该是一个多维度的结构模型，而且目前的胜任力理论研究都表明多维构思模型在数据拟合上优于单一模型。基于此，本研究初步提出了如下假设：

假设一：拳击教练员的胜任力模型是一个可以通过行为表现来反映的构建，因而我们可以识别那些典型的行为，从而组成一个测量胜任力的并具有一定可靠性的测量工具。

假设二：拳击教练员的胜任力模型是一个多维的结构模型，该模型可以有效地描述中国拳击教练员的胜任特征。

假设三：根据拳击教练员胜任力理论模型所编制的《中国拳击教练员胜任力问卷》具有良好的效度，可以检验获得的胜任力模型的因素结构。

假设四：拳击教练员胜任力与工作绩效之间存在密切的相关关系。

假设五：不同的拳击教练员在其胜任力水平上存在差异。

假设六：中国拳击教练员的胜任力模型与其他胜任力模型和国外体育管理者模型相比有独特的结构。

1.4 创新点

胜任力理论的出现，标志着人力资源管理进入了一个以能力为基础的时代，不同行业在人力资源发展的过程中，应用胜任力理论建立了不同职业的胜任力模型，发展了胜任力理论并且将这些模型用于人力资源开发的过程中。

在拳击训练领域，目前国内对于胜任力研究尚属于空白阶段，我国拳击正处于转型阶段，因此依据拳击运动发展的需要，在中国竞技体育拳击教练员领域中，研究教练员的胜任力，建立中国拳击教练员胜任力模型以及测评量表是本文的特色和创新点。将管理学中人力资源的胜任力理论在拳击教练员行业中进行研究，在特定群体和特定工作情境下，研究拳击教练员的胜任特征以及指标构建，可以拓宽胜任力理论的应用范围，同时在体育领域特殊专业拳击教练员群体中发展完善胜任力理论。

本文通过理论构建和实证研究，提出中国拳击教练员胜任力的模型，为我国拳击教练员人力资源管理提供了一种新的思路，可以从胜任力的角度探索构建中国拳击教练员人力资源开发与管理工作的新机制与新途径。胜任力是能有效区分高绩效者与普通绩效者的一系列行为特征。本研究不仅验证了中国拳击教练员胜任力与工作绩效的相互关系，同时也对拳击教练员的胜任力水平进行了分析。

1.5 主要研究方法

在研究方法上，本研究坚持理论与实践相结合、定性与定量分析相结合的方法，根据本研究的目的和各部分的内容具体采用了下列研究方法：

一、文献资料法

通过查阅国内外有关胜任力理论、胜任力应用研究相关成果、教练员素质、教练员知识、教练员执教能力等方面相关资料，了解现有研究进展及存在问题。查阅中国拳击界著名教练员张传良、杨晓强、董廷江、张中超等人的相关文献和事迹，为研究提供事实依据。

二、行为事件访谈法

行为事件法（Behavioral Event Interview，简称 BEI）是 Flangan 在《人事评价的一种新途径》中提出的一种人力资源管理的研究方法。该方法的理论基础是，每种工作中都有一些关键事件，绩效优异者在这些事件上表现出色，而业绩普通者则表现不同。要求被访谈者回忆和描述在具体的工作情景中他们感到特别成功的几个关键事件，具体包括：是什么导致了该事件？牵涉到哪些人？被访谈者当时是怎么想的，感觉如何？在当时的情景中想完成什么，实际又做了什么？结果如何？然后，对访谈内容进行内容分析，来确定被访谈者表现出来的胜任特征。

行为事件法是 Flangan 提出的一种人力资源管理研究方法。该方法是通过让被访谈者回忆其工作中感到特别成功的几个关键事件，而后对访谈内容进行整理、分析，从而进一步确定被访谈者从事该项工作所表现出来的胜任特征。该方法的基础是绩效优异者在这些事件上与业绩普通者表现不同为依据。

结合研究实际，通过调查国家拳击队教练员这一特殊职业群体和特定组织情境，让教练回忆近三年来自己感到特别成功的关键事件，并对整个事件的起因结果以及教练员的反思做认真的记录和录音，访谈者控制访谈的节奏，让被访谈的教练在开放的环境下回忆自己最成功的三件事，对于表述不清或者有歧义的内容向被访谈者确认，避免人为访谈误差，同时对于访谈过程进行控制，当发现教练员疲劳或回忆模糊时，应停下来让教练员思考并确认，避免非主观故意和疲劳访谈的误差出现。通过对国家队教练的访谈录音转化为访谈文本，再通过内容分析法对访谈文本进行相关的质性数据提取。

三、问卷调查法

问卷调查法是一种相对方便而高效的收集大量数据的方法。它主要通过综合文献和访谈等手段，编制调查问卷，对相关样本进行调查，再对回收问卷进行数据分析和解释。本研究将采用问卷调查的方法对我国拳击教练员的胜任力模型进行探索性因素分析和验证性因素分析。

本研究采用问卷调查法对所调查的中国拳击教练员基本情况及其胜任特征进行半封闭式问卷调查，并对由此得到的拳击教练员胜任力模型构建的科学性、合理性进行探索性和验证性因素分析。

四、扎根理论研究法

扎根理论（Grounded Theory，GT）是一种定性研究的方式，其主要宗旨是从经验资料的基础上建立理论（Strauss，1987：5）。研究者在研究开始之前一般没有理论假设，直接从实际观察入手，从原始资料中归纳出经验概括，然后上升到系统的理论。这是一种从下往上建立实质理论的方法，即在系统性收集资料的基础上寻找反映事物现象本质的核心概念，然后通过这些概念之间的联系建构相关的社会理论。扎根理论一定要有经验证据的支持，但是它的主要特点不在其经验性，而在于它从经验事实中抽象出了新的概念和思想。在哲学思想上，扎根理论方法基于的是后实证主义的范式，强调对已经建构的理论进行证伪。

扎根理论的方法起源于格拉斯和斯特劳斯两人（1965，1968）60年代在一所医院里对医务人员处理即将去世的病人的一项实地观察。这个方面的形成与两方面的理论思想有关，分别来自哲学和社会学：一是美国的实用主义，特别是杜威、G. 米德和皮尔士的思想，他们强调行动的重要性，注重对有问题的情境进行处理，在问题解决中产生方法；另外一个影响来自芝加哥社会学派，该学派广泛使用实地观察和深度访谈的方法收集资料，强调从行动者的角度理解社会互动、社会过程和社会变化。

扎根理论特别强调从资料中提升理论，认为只有通过对资料的深入分析，才能逐步形成理论框架。这是一个归纳的过程，从下往上将资料不断地进行浓缩。与一般的宏大理论不同的是，扎根理论不对研究者自己事先设定的假设进行逻辑推演，而是从资料入手进行归纳分析。理论一定要可以追溯到其产生的原始资料，一定要有经验事实作为依据。这是因为扎根理论者认为，只有从资料中产生的理论才具有生命力。如果理论与资料相吻合，理论便具有了实际的用途，可以被用来指导人们具体的生活实践。

扎根理论作为质性研究方法遵从实践，为中国拳击教练员胜任力研究提供了新的方法学基础，与定量研究方法从假设建构类属不同，扎根理论研究法是进入现场，进行实地观察访谈，对收集资料进行反复比较，提取出概念与范畴，确定核心范畴和类属关系，自下而上进行理论构建。由于中国拳击教练员胜任力理论尚处于探索阶段，前期研究成果中没有拳击教练员胜任力进行系统分析，因此无法进行定量研究。本研究使用扎根理论质性研究方法，不以现有理论为参照，尊重实践，按照扎根研究流程自下而上构建中国拳击教练员胜任力模型。

本研究使用扎根定性研究方法，遵从实际实践，从现实现象出发，进行理论构建，运用扎根理论构建拳击教练员胜任力模型。整体逻辑思路是：首先，对中国教练员胜任力的相关研究文献进行梳理，以此为基础构建起初步半结构化访谈框架；其次，进行深度访谈并完成开放编码，选择性编码，提取出概念和主范畴；再次，将核心范畴聚类并确定关联，完成模型构建，并与相关研究文献对话；最后，讨论模型对于中国拳击教练员启示以及未来继续研究方向。

五、数理统计分析法

本研究运用 SPSS17.0 和 AMOS5.0 统计软件对调查问卷进行回收、统计，运用探索性因素分析、信效度分析和结构方程模型分析等数据处理。

1.6 本章小结

一、近年来，随着中国竞技体育运动的发展及中国政府对发展体育产业日益重视，促进了中国体育搏击产业的发展。在中国拳击运动从专业化向职业化转变过程中，对拳击教练员职业化提出了必然要求。借鉴胜任力研究理论和实践，构建中国优秀拳击教练员胜任力模型，对于提高中国拳击教练员人力资源管理与开发水平，促进中国拳击运动发展具有重要意义。

二、本文以中国拳击教练员胜任力模型建构为研究对象，通过对胜任力研究文献的研读、梳理，制定研究计划，提出研究内容和研究假设，旨在通过模型构建、模型评价、拳击教练员胜任力评价量表编制、拳击教练员胜任力与绩效关系考察等验证中国拳击教练员胜任力模型的科学性、合理性。

三、以中国拳击教练员人才选拔、培养及管理领域内应用胜任力研究尚属于空白，建立中国拳击教练员胜任力模型以及测评量表是本文特色和创新点；在研究方法方面本研究主要采用文献资料法、行为事件访谈法、问卷调查法、扎根理论研究法、数理统计分析法进行研究。

第二章 理论基础与文献综述

2.1 胜任力研究理论基础

2.1.1 胜任力概念及内涵

胜任力研究是各种社会劳动专业化划分和职业发展的产物。20世纪初，管理科学之父 Taylor 主张管理者通过"时间——动作分析法"分析导致工人业绩差异的原因，以此确定胜任力的标准，然后依据该"标准"采用系统的培训和发展活动去提高工人的操作技能，进而实现组织绩效的目的。Sandberg（2000）这就是最初的基于胜任力的人力资源管理方法的思想与理念。

在早期的应用心理学研究中，"胜任力"这个术语被用来描述在特定职业领域获得成功的个体能力。心理学家把"胜任力"定义为与特定职业相关的知识、技能、动机、意识、关心或发展他人的能力，以及在"日常生活中"尽职责的能力等。

20世纪70年代，美国哈佛大学教授 David·McClelland（1973）对美国企业和政府部门管理者进行了研究，结果发现，产生优秀绩效的胜任特征并非是以往人们所认为的那些管理技能，而是"人际敏感性和对他人的积极期待"等隐性的个人特质。基于此，McCReRland 教授在其《测验胜任力而非智力》（"Testing For Competency Rather Than Intelligence"）一文中提出"用测量胜任力的方法替代传统的智力测验、性向测验和学术测验"。所谓胜任力，就是那些能够有效区分在特定工作中绩优者和普通者差异的显著特征，从而奠定了胜任力理论的基础。

　　胜任力是管理学、教育学和心理学等学科研究的热点问题之一。1973 年，McClelland（1973）教授首次提出"胜任力"的概念，其定义是："能将某岗位工作（或组织、文化）中有卓越成就者与表现普通者区分开来的个体特征，它可以是动机、特质、价值观、某领域知识或行为技能，任何可以被可靠测量或计数的，并且能显著区分优秀与普通绩效的个体特征。"1982 年，Rechard·Boyatzis 对大量资料进行了深入分析和实证研究，他在《胜任的经理人》（*The Competent Manager: a Model for Effective Performance*）一书中对胜任力做了这样的定义："一个人所具有的导致在一个工作岗位上取得有效业绩的潜在特征，它可以是动机、自我形象、价值观或特质、某领域的知识或专业技能"。1993 年，美国心理学家 Spencer 在他的著作《工作中的胜任力》（*Competence at Work: Model for Superior Performance*）一书中给出的胜任力定义是："胜任力是个人潜在的特征，与有效或优异的工作绩效相关，它表明的是一种思考或行为方式，一种跨情境的泛化的思考模式或持续很长时间的行为方式。对于越是复杂的事情，胜任力对取得有效工作绩效的作用就越明显，这些特征比智力或学历更能预测工作绩效。"1995 年，世界各国人力资源开发专家在约翰内斯堡举行的胜任力会议上为其确定了一个更详细的定义，Parry（1996）即影响一个人大部分工作（职责或者角色）的一些相关知识、技能和态度，它们与工作的绩效紧密相连，并可用一些被广泛接受的标准对他们进行测量，而且可通过培训和发展加以改善和提高。

　　以上是国外学者所给出的最有影响的胜任力定义，然而，由于他们对胜任力概念的界定没有统一的标准，所以致使胜任力的定义比较宽泛，包含的内容较多，正是由于这种宽泛给以后"胜任力"的定义发展产生了一定影响。此后，也有不少学者对胜任力进行了研究，并提出了不同的胜任力定义。

　　20 世纪 80 年代，胜任力理论被引进到中国后，中国国内学者在基于国外学者对胜任力概念及内涵研究的基础上，一些学者结合中国国情对胜任力进行了本土化的理解与阐释，其对胜任力的概念及内涵表述主要有以下几类。王重鸣（2000）等认为："胜任力是指导致高绩效的知识、技能、能力以及价值观、个性、动机等特征"。时勘、王继承（2002）等认为："胜任力是能把某职位中表现优异者和表现普通者区别开来的个体潜在的、较为持久的行为特征。它可以是认知的、意识的、态度的、情感的或倾向性的等关键特征。"彭剑峰（2003）认为："胜任力是驱动员工产生工作绩效的各种个体特征的集合，反映的是可以通过不同的方式表现出来的知识、技能、个性与内驱力"。

尽管对"胜任力"定义的具体描述不同，但它们都是基于 McClelland 教授对胜任力概念理解的基础上提出的，其本质都强调具体组织情景中员工的知识、技能、价值观、动机、个性或态度等特征。目前在相关文献中经常被实践者和研究者引用的"胜任力"定义是："能将某岗位工作（或组织、文化）中绩优者与表现普通者区分开来的深层次的、较为持久的行为特征，它可以是动机、特质、自我形象、态度或价值观、某领域的知识、认知或行为技能等任何可以被可靠测量或计数的，并能显著区分绩效卓越者和表现普通者的关键特征"。彭剑峰（2003）

20 世纪 90 年代以胜任力理论被引进到国内后，起初，我国学者把"胜任力"译为"素质""胜任素质"或"软技能"等。王重鸣等把它翻译成"胜任特征"，以区分在国内被广泛使用的"素质"这一概念。而事实上，在没有对"素质"与"胜任力"进行严格区分的情况下，很多时候它们都被混用。因此，通过与"素质"的对比能更好地帮助我们理解什么是"胜任力"。

素质是指"个体完成一项工作与任务所具备的基本条件和基本特点，包括知识、技能、能力、气质、性格、兴趣、动机等个人特征"。

通过对比"素质"与"胜任力"的定义，可以发现它们是两个有交叉的概念，它们的内涵有相同的地方。但比较其外延，素质只是与完成工作任务相关的个人特征，而胜任力着重突出优秀绩效者的个人特征。因此可以从以下两个基本特征来把握胜任力的定义：一是与工作绩效有密切关系，甚至可以预测员工未来的工作绩效；二是能够对优秀绩效者与普通绩效者进行区分。

由于胜任力涵盖了个体的外显行为和潜在特质，所以理论界也形成了对胜任力的两种观点：一种观点是将胜任力看作是个体的相关行为的类别，胜任力是保证一个人胜任工作的外显行为。这里所说的行为维度是指与优秀业绩相关的行为，是可观测的、具体的、能证实的，并能够依据逻辑规律进行合理归类的行为。比如"计划""交流沟通""关心他人"等。Training（1988）把胜任力定义为："个体在某特定的组织环境中保证胜任工作的，且相对稳定的外显行为的表述。"

另一种观点认为，胜任力是潜在的、持久的个人特征。Spencer等学者就认为，"胜任力是潜在而持久的个人特征，这种个人内在的特征是同具体工作和情景中的准则相关，并与个人获得优异绩效有必然的因果关系"。仲理峰（2003）"潜在而持久的特征"说明了胜任力是一个人个性中深层次和能够发生持续作用的关键特征，可以通过行为方式显示出来，更重要的是胜任力是与绩效有因果关系，它能够区分绩优者和表现普通者。这种观点强调胜任力是个体的潜在特质，它与优异绩效有因果关系。

此外，Cheng（2002）认为胜任力的"行为观"和"特征观"应该是互为补充的，任何一种观点都是不完全的，对胜任力内涵的界定应该结合行为观和特征观两个方面。因为个体特征与行为技能存在相互作用的关系，个体特征是行为技能内在的持久的动力，而行为技能是个体特征的外在表现。胜任力可以是某种职业的关键行为技能，可以看作是在具体情景下对知识、专业技能的具体运用，也可以是个体动机和价值观的具体表现。本人基本赞同这种综合性的观点。

根据以上对胜任力概念的分析，并结合体育专业的特点，本研究认为，拳击教练员的胜任力是指"在拳击运动训练实践中，能将高绩效教练员与普通教练员区分开来的，并可以被可靠测量的个体特征和行为技能"。拳击教练员的胜任力是能够在拳击运动训练和比赛的具体情景中表现出来的，能够将教练员绩优者与普通者区分开来的，并且与教练员工作绩效相关的潜在个人特征和关键行为技能。

这些个体特征和行为技能需要具备以下特征：一、能够有效地区分绩效优秀的拳击教练和绩效普通的教练。二、可以被有效可靠地测量与评价。三、应该具有整体延续性、长期稳定性，不随时间改变而受影响。四、与中国竞技体育这一特定的组织情境密切相关，不能脱离具体工作情境。

2.1.2 胜任力模型及其主要成果

胜任力模型（Competency Model，CM）是针对"特定职位表现优异要求组合起来的胜任特征结构，是从事某项工作需要具备的胜任特征的总和，即 CM={CIi，i=1，2，3，…，n}，CM 表示胜任力模型，CI 表示胜任特征，CIi，即第 i 个胜任特征，n 表示胜任特征的数目"。胜任力模型"描述了在特定工作中影响个体成功、有效地完成岗位工作所需要的知识、行为技能和个人特质等胜任特征的独特结合。也就是说胜任力模型是对既定岗位上实现高绩效工作产出所需要的胜任力的规范化的文字性描述和说明"。大卫在·D.迪布瓦（2005）认为，拳击教练员的胜任力模型是指"拳击教练员在指导运动员参加拳击运动训练和比赛的具体情景中所需要具备的胜任特征的总和"。

成功的胜任力模型作为一种标准，在各种人力资源开发与管理的实践领域发挥着重要的作用，可用作选拔、培训、绩效考评的标准和参照依据。20世纪 70 年代，McClelland 教授使用自己开发出来的行为事件访谈法为美国国务院建立了外交官胜任力模型。1981 年 Boyatizis 在 12 个组织中，以 41 个不同岗位的 2000 多名管理者作为研究对象，提炼出管理者的通用胜任特征，进而开发了一个通用胜任力模型，该模型包括 6 个维度 21 个胜任特征，即团队管理、判断力、记忆力、责任心、主动性、自信、动机等。

Boyatzis 认为胜任力通用模型能够很好地解释、预测高绩效与表现平庸的管理者之间的差异。除了胜任力通用模型外，Mcber 公司还针对不同组织、不同层级职位的员工开发出了具体的胜任力模型。此后，胜任力模型逐渐发展成为人力资源管理理论研究与实践活动的核心和基础。胜任力模型的研究成果不仅在企事业单位中得到广泛的应用和发展，而且在政府管理和学校教育领域也得到了很大的应用。

胜任力理论研究是与管理实践分不开的，胜任力研究的重点在于构建胜任力模型，并使胜任力模型服务于人力资源开发与管理实践活动的需要。胜任力模型的研究主要包括模型的构建、检验及其运用等方面。

关于胜任力模型的建立与检验，国外的科研人员和机构主要依据胜任力冰山模型和洋葱模型，对不同的组织和职位开发出相应的胜任力模型。胜任力理论被引入中国后，国内的学者们根据我国的国情需要，借鉴国外的胜任力模型的构建方法，也开发出了一些符合我国实际需要的胜任力模型，包括企业家胜任力模型、管理人员胜任力模型和专业技术人员胜任力模型等。其中有代表性的胜任力模型是时勘（2002）所开发的企业关键职位管理人员胜任力模型，他指出："管理人员的胜任力模型包括工作组织和个人特征两个部分。工作组织包括群体领导、团队意识和影响他人；个人特质包括概括性思维、成就动机和主动性。"

仲理峰（2002）对我国家族企业高层管理者的胜任特征展开了研究，开发的胜任力模型包括"组织意识、自我控制、权威导向、主动性、自主学习、影响他人、指挥、仁慈关怀、捕捉机遇、信息寻求、自信等11项胜任特征"。安鸿章（2006）根据组织内不同岗位的工作性质和绩效目标的不同，尝试将一个组织内的胜任力模型区分为"岗位胜任力模型、组织胜任力模型和行业胜任力模型"。马欣川等从人才测评的实用角度出发，详细地分析了人才测评标准的确立和胜任力模型的构建，重点探讨了胜任力模型的应用，采用评价中心、考核法等现代管理方法对所选人才的胜任特征进行评估。郑晓明（2008）等开发的我国企业人力资源管理者胜任力模型由诚实正直、价值倾向、权力取向、战略决策能力、开拓创新能力、协调监控能力、责任意识和激励指挥能力等胜任特征构成，并通过大样本收集数据与验证，对胜任特征与企业经营绩效的相关性进行了分析。

在胜任力模型构建的过程中，最为关键的一步就是对胜任力模型构建效度的检验。通常学者们对胜任力模型检验的方法是编制胜任力量表，选取较大规模的样本进行测试，对量表进行探索性和验证性因素分析，考察量表的结构内容与所建模型的拟合程度。

在胜任力模型的应用方面，Barnes（1996）指出，"传统的人力资源管理方法往往滞后于组织变革的步伐，而基于胜任力模型的人力资源管理能够统筹人的发展、岗位的需要以及组织目标的实现，因而具有越来越重要的应用价值"。刘嫦娥（2009）指出胜任力模型对企业或组织的战略发展至关重要，《财富》500强企业中已有超半数的公司应用胜任力模型于他们的人力资源管理实践中。一份对北美1000家公司的调查显示，将胜任力模型与人力资源管理相结合可明显地提升企业价值。

一些学者以特定岗位的胜任特征为基础，建立了不同的胜任力模型，并将其运用在人员招募、培训开发、绩效考核等诸多领域。如：吴能全（2006）进行了胜任力模型在职位设计、职业发展和职务分析中的应用研究。Rothwell（2007）等成功地将胜任力模型引进到员工绩效改进中；王胜桥（2009）等将胜任力模型有效地应用到企业员工辅导计划中。这些胜任力模型的成功应用都取得了一定的效果，为胜任力模型在其他领域中的应用提供了成功的经验。

胜任力模型在人力资源开发与管理实践活动中有着广泛的应用前景。以员工的岗位培训为例，依据胜任力模型组织开展相关的培训工作，首先需要构建不同岗位的胜任力模型，然后用该模型对相关职位工作者的胜任力水平进行评价，通过与胜任力模型对比，确定该工作者胜任力的差距，找出那些可以通过培训明显提高的胜任特征，以此设计有针对性的培训课程以发展员工的胜任力，使其达到能够创造优秀业绩的水平。对于那些不能通过培训提高的深层次胜任特征，则需要通过岗位调整或人才引进来解决。基于胜任力的岗位培训，就是要以胜任力模型为标准，发展特定职位工作者所需的关键胜任力，以此促进个人和组织的整体胜任力水平的提升。

也有学者认为胜任力模型是指为了达成某一绩效目标的一系列不同胜任力要素的组合。胜任力模型（Competence Model）就是针对特定

职位表现优异要求，组合起来的胜任特征结构。（Williams，1998）

Lepsinger 认为，胜任力模型主要回答了完成工作所需要的技能、知识和个性特征是什么，以及哪些行为对于工作绩效和获取工作成功来说是具有最直接的影响的。Mclagan（1996）认为，胜任力模型是一种用以描述操作一项特定工作的关键能力的决策工具，在很多情况下，胜任力模型比工作描述更可靠，比技能列表更可靠，比内部感受的目标性更强，胜任特征模型应当包括那些对取得工作预想结果关键性的素质。Sobkowiak（1995）研究认为胜任力模型就是指成功完成任何工作所需要的知识、技能和行为，胜任力模型是指担任某一特定的任务角色所需具备胜任特征项目的集合。胜任力模型就是为完成某项工作，达到某一绩效目标所要求的一系列不同素质的组合，包括不同的动机表现、个性与品质要求、自我形象与社会角色特征以及知识与技能水平（彭剑锋，2003）。胜任力识别的主要方法是建立胜任力模型（李明斐、卢小君，2004）。

Boyatzis（1982）从有效绩效完成的角度，提出了"胜任力经理：有效绩效模型"，该模型认为，要取得良好绩效，管理人员需要具备六个方面的胜任力共包括 21 个特征：目标和行动管理（关注影响、概念的使用、效率导向、始发性）；领导（概念化技能、自信、演讲）；人力资源管理（管理群体过程、使用社会权力）；指导下级技能（培养他人、自发性、使用单方面的权力）；特殊知识（经理及其特殊社会角色的特殊知识）；其他（客观知觉、自我控制、持久性、适应性）。

Yukl，G，Howell（1989）将管理者工作划分为三类技能或素质：技术技能、人际技能和概念技能，这三种类型将个体技能在处理事、人、观念及概念方面进行了区分。

Weissmann（1992）也提出成功领导者的 16 种胜任力模型。分别命名为：专业技能、轻松地对待人生、为人楷模、有礼貌善沟通、诚实可信、团结合作精神、临危不乱、有抱负、恪守时间、勤奋、勇于承担责任、公正对待同事、独立工作能力、忠于企业、领导激励他人、关心企业及其利益。

Spencer（1993）总结了他们 20 年中研究胜任力的成果，采用关键事件行为访谈法（Behavior Event Interview，BEI）提出了五个通用胜任力模型，包括专业技术人员、销售人员、社区服务人员、管理人员和企业家，每一个模型又各由十多个不同的胜任特征组成。其中，企业家的胜任特征模型包括以下胜任力特征：成就、思维和问题解决、个人成熟、影响、指导和控制、体贴他人。

九十年代中后期开始，国内学者根据中国企事业单位职位胜任力情况，围绕不同问题进行了研究，提出了中国背景下的胜任力模型。时勘、王继承（2002）运用行为事件访谈方法（BEI），对我国通信业管理干部的胜任力进行了实证研究。研究结果表明，我国通信业管理干部的胜任力模型包括十项胜任特征：影响力、社会责任感、调研能力、成就欲、领导驾驭能力、人际洞察能力、主动性、市场意识、自信、识人用人能力。

王重鸣、陈民科（2002）通过编制《管理综合素质关键行为评价量表》，在中高层管理者中进行了调查，研究显示：对正职来说，胜任力模型包含价值取向、诚信正直、责任意识、权力取向、协调监控能力、战略决策能力、激励指挥能力和开拓创新能力八个要素；而副职的胜任力模型则包含价值取向、责任意识、权力取向、经营监控能力、战略决策能力和激励指挥能力六个要素。正职与副职相比，更加突出了诚信正直和开拓创新能力这两个要素。

仲理峰、时勘（2003）通过对 18 名家族式企业高层管理者的关键行为事件访谈，建立了中国家族式企业高层管理者胜任力模型，提出权威导向、主动性、捕捉机遇、信息寻求、组织意识、指挥、仁慈关怀、自我控制、自信、自主学习和影响他人 11 项胜任力要素。其中，权威导向和仁慈关怀是中国企业高层管理者所特有的。

王重鸣（2000）提出了跨文化背景下基于胜任特征的管理培训开发模型。该模型包含四个维度：文化胜任力，包括文化调节和关系管理；成就胜任力，包括组织和控制能力和成就管理；决策胜任力，包括风险和责任承担和复杂的决策；团队胜任力，包括群体兼容性和团队资源的使用。他认为可以通过开发跨文化团队领导胜任力模型公平设计管理培训项目。

　　魏均（2009）研究了国内商业银行的风险经理胜任力模型，利用团体焦点访谈法、关键行为事件访谈法，以及多元统计分析方法，对风险经理胜任力模型进行了深入研究。由18省市商业银行得到有效问卷778份，运用探索性因素分析和验证性因素分析，得出商业银行风险经理胜任力结构模型与层级结构。结果表明，风险经理胜任力模型由16个胜任特征构成，调查印证、分析判断、风险意识和沟通内控等4大胜任力类群。

　　王晓晖、喻广华、高静（2012）采用实证研究设计，以胜任力理论为基础，探讨中国企业环境、健康和安全管理者的胜任力模型。利用行为事件访谈法，对外资企业、国有企业和民营企业中一些业绩优秀的资深环境、健康和安全管理者进行采访，从中得出环境、健康和安全管理者的基本胜任力特征指标；通过对多省市和多类型企业的环境、健康和安全管理者的大样本问卷调查和数据处理，探索和验证中国企业环境健康和安全管理者的胜任力模型。研究结果表明，环境、健康和安全管理者胜任力模型包括团队协作、个人特质、沟通决策、问题解决以及环境、健康和安全专业知识与技能5个维度，这5个维度由19个指标构成，并对模型的应用进行讨论。

　　李健（2014）利用探索性因素分析和验证性因素分析，构建基金会秘书长胜任力结构模型。结果表明，基金会秘书长胜任力模型可归为一般管理、组织管理、员工管理、自我管理和沟通协作4个因子，并由20个胜任力指标构成。

　　王平换、王晓宏、王瑛（2006）研究认为胜任力冰山模型和胜任力洋葱模型是基本的胜任力模型，二者本质内容基本一致。冰山模型将胜任力分为技能、知识、社会角色、自我认知、特质、动机（如图2.1所示）。胜任力洋葱模型则是对胜任力冰山模型的全新诠释，其最外层是个人知识与技能、里层是个人潜在特征，如动机、特质、社会角色等（如图2.2所示）。仲理峰（2002）认为从胜任力冰山模型与胜任力洋葱模型可以看出胜任力模型是各种具有层次结构的胜任特征的综合体。

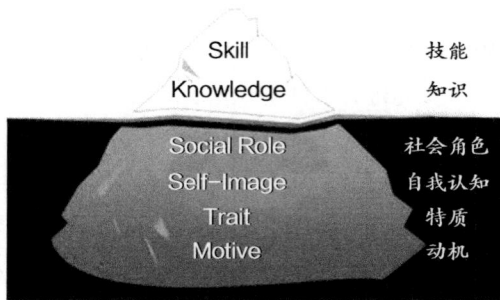

图 2.1 胜任力冰山模型

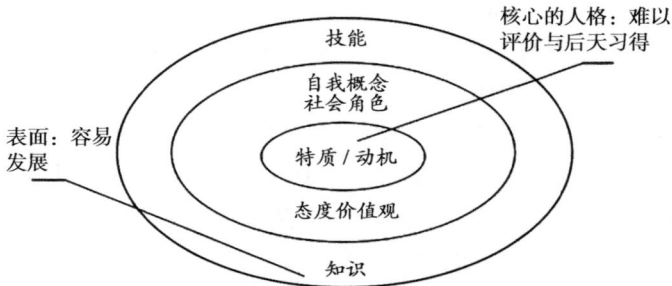

图 2.2 胜任力洋葱模型

随着胜任力研究的不断深入，胜任力模型作为一种标准，在世界各国的各种选拔、培训、绩效考评的人力资源管理与开发实践中得以广泛应用。吴能全、许峰胜（2006）胜任力模型逐渐成为管理科学、心理科学、教育科学方面理论研究与实践活动的主题之一，胜任力模型不但在企业人力资源管理中得到应用，而且在政府管理和学校教育领域也得到了推广和发展，从而使胜任力理论能在不同组织和不同职位开发出相应的胜任力模型，并且越来越发挥着重要作用。

胜任力理论研究是与管理实践分不开的，胜任力研究的重点在于构建胜任力模型，并使胜任力模型服务于人力资源开发与管理实践活动的需要。胜任力模型的研究主要包括模型的构建、检验及其运用等方面。

关于胜任力模型的建立与检验，国外的科研人员和机构主要依据胜任力冰山模型和洋葱模型，对不同的组织和职位开发出相应的胜任力模型。胜任力理论被引入中国后，国内的学者们根据我国的国情需要，借鉴国外的胜任力模型的构建方法，也开发出了一些符合我国实际需要的胜任力模型，包括企业家胜任力模型、管理人员胜任力模型和专业技术人员胜任力模型等。其中有代表性的胜任力模型是时勘（2002）所开发的企业关键职位管理人员胜任力模型，他指出："管理人员的胜任力模型包括工作组织和个人特征两个部分。工作组织包括群体领导、团队意识和影响他人；个人特质包括概括性思维、成就动机和主动性"。

仲理峰（2002）对我国家族企业高层管理者的胜任特征展开了研究，开发的胜任力模型包括"组织意识、自我控制、权威导向、主动性、自主学习、影响他人、指挥、仁慈关怀、捕捉机遇、信息寻求、自信等 11 项胜任特征"。安鸿章（2006）根据组织内不同岗位的工作性质和绩效目标的不同，尝试将一个组织内的胜任力模型区分为"岗位胜任力模型、组织胜任力模型和行业胜任力模型"。马欣川等从人才测评的实用角度出发，详细地分析了人才测评标准的确立和胜任力模型的构建，重点探讨了胜任力模型的应用，采用评价中心、考核法等现代管理方法对所选人才的胜任特征进行评估。郑晓明（2008）等开发的我国企业人力资源管理者胜任力模型由"诚实正直、价值倾向、权力取向、战略决策能力、开拓创新能力、协调监控能力、责任意识和激励指挥能力等胜任特征构成，并通过大样本收集数据与验证，对胜任特征与企业经营绩效的相关性进行了分析。

国外关于胜任力模型应用的代表性成果有：20 世纪 70 年代，哈佛大学 McClelland 教授提出胜任力概念以后，其为甄选美国驻外机构开发出了第一个具有三种核心胜任指标的外交官胜任力模型。Boyatizis（1981）通过对不同组织、不同岗位的 2000 多名管理者进行研究后，建立包含 6 个维度共 21 项通用胜任特征的管理者通用胜任力模型。Spencer（1993）提出关于专业技术人员、销售人员、社区服务人员、管理人员、企业家五种相关人员的五种胜任力模型，其中每种胜任力模型包含十多个不同的胜任特征。Barnes（1996）认为当前传统的人力资源管理方法满足不了组织变革的需要，而基于胜任力的人力资源管理却能够将人发展、岗位需要、组织目标实现加以统筹和协调，从而能够使胜任力在人力资源管理方面显示出越来越重要的应用价值。Alldredge（2000）在为 3M 公司所建立的公司中高层后备人员胜任素质模型中，认为公司在选拔、培养公司中高层后备人员时候应将道德与诚信、愿景与战略智力、成熟与判断力、全球化视角、顾客导向等 9 个维度作为中高层后备人员胜任力考察的重点。May Aung（2000）通过对酒店管理者的胜任力研究，建立了酒店管理者胜任力模型，认为其应该具有创新、学习及数据管理等胜任特征，从而能够在酒店企业管理中发挥重要作用，提高绩效。Martone（2003）认为基于胜任力的目标绩效管理是员工在其岗位和所在的组织中能够成功所必须应该具有的技巧和行为，能使员工工作性能与组织目标一致性提供了框架。Chen，Naquin（2005）通过对胜任力进行综合研究，将胜任力模型与员工培训设计进行整合，通过系统化的评价设计，使胜任力模型可以直接应用于员工培训。

　　Mark（1995）运用专家焦点访谈法、问卷调查法，构建了一个 13 因素（每个因素包含超过 3 个子条目），总共 56 个词条的澳大利亚篮球裁判员胜任力模型。Dickson（2001）使用焦点访谈法、行为锚定法、问卷调查法和分组比较等方法，研究并找出澳大利亚"爱立信杯"足球赛裁判员的胜任力特征，得出胜任力模型包括 37 个词条六个因素，其研究结果显示正确理解和阐释足球竞赛规则，观察比赛并做出适宜的判罚；根据足球比赛规则，保持一致的处罚范围；观察、分析和正确解释比赛中的事件；在比赛中保持集中精神；执行足球比赛规则并进行处罚；确定公平竞争和犯规行为；处理竞争冲突；保持竞争场地的物理性能要求；十项具体行动，如与助理裁判员的团队组建，是足球裁判员、足球教练员、运动员、比赛督导员和裁判员的最重要的表现。

TOH（1998）采用特尔菲法和问卷调查法，构建了美国体育管理者胜任力模型，包含 31 个小条目，包括六因素：管理能力、体育基础、资本预算、风险管理、计算机技能和交流能力。Barcelona（2002）运用问卷调查构建休闲体育管理者胜任力模型，包括管理技能、运动项目、体育规划、业务流程和理论与基础；休闲体育项目规划者的胜任力模型包括理论与基础、行政管理程序、运动项目规划、交流能力。Horch（2003）德国体育管理者的胜任力模型通过问卷调查的方式构建，其中包括事务管理、企业管理、资金预算、沟通交流、寻求赞助、公共关系和宣传工作者七个要素。Fokken（2004）通过问卷调查建立的美国国家公园和休闲组织管理委员会成员的胜任力模型包括六个因素：战略思考、教育能力、逻辑思维、分析问题、人际关系和政策执行。

胜任力相关理论被引入中国以后，中国学者开发出了一些适合中国国情实际需要的在企业、政府、教育、科研、医药卫生等方面的胜任力模型，如企业中的管理人员胜任力模型、政府机关领导胜任力模型、政府机关公务员胜任力模型、教师胜任力模型等等。其中具有代表性的胜任力模型应用成果如下：

时勘、王继承、李超平（2002）通过行为事件访谈法在中国国内率先开展了关于胜任特征的实证研究，开发出企业关键职位管理人员胜任力模型，该模型认为企业关键职位管理人员胜任力模型是由工作组织和个人特征两部分组成。仲理峰、时勘（2004）通过对 18 名中国家族企业高层管理者关键行为事件访谈，对其胜任特征进行研究，开发具有 11 项胜任特征的中国家族企业高层管理者胜任力模型，并通过对比分析认为其胜任特征分别与国外企业高层和中国国有企业高层通用胜任特征具有 9 项和 5 项是相一致的以外，其还具有中国家族企业高层管理者所特有的胜任特征。

李明斐（2006）针对中国国家公务员胜任力标准存在的局限性，缺乏测量公务员胜任力水平的可操作性工具，因此其以关键行为事件访谈法和胜任力问卷调查法研究得出领导职务公务员胜任力模型。该模型具有政治素质、领导能力、法治观念等 6 项胜任特征，该研究突破了如何获得胜任特征的局限，提出了不同于西方定义的公务员新的绩效结构。王晓晖、俞广华、高静（2012）以胜任力理论为基础，探讨中国企业环境、健康、安全相关管理者的胜任力模型，对外资企业、国有企业和民营企业中一些业绩优秀的资深环境、健康和安全管理者进行采访，从中得出企业环境、健康和安全管理者的基本胜任力特征指标；通过对多省市和多类型企业的环境、健康和安全管理者的大样本问卷调查和数据处理，探索和验证相关管理者应该具有的 5 个维度共 19 项指标的胜任力模型。

王沛、陈淑娟（2008）借助胜任力理论对中小学教师胜任特征进行研究，提出了包含业务知识、认知能力、教学监控能力、合作、学生观等方面内容的中小学教师胜任特征模型，从而为招募、培养中小学教师奠定理论依据和可操作性方案。何齐宗、熊思鹏（2015）以胜任力理论为基础，通过德尔菲法和数理统计分析法建立了包含知识素养、教学能力、职业品格、人格特质四个维度的高校教师教学胜任力模型，从而为高校选聘教师、培训教师、教学评估及教师的自我发展和提高提供了参考。

由以上文献分析可以发现，胜任力模型在人力资源开发与管理中具有广泛应用前景。通过构建不同岗位胜任力模型，用该模型对相关职位工作者胜任力水平进行评价，从而确定工作者胜任力水平间的差距；以特定岗位胜任力模型为标准，发展工作者所需关键胜任力，能促进个人岗位胜任力水平的提升。因此相关的胜任力模型的理论及实践研究为本研究提供了研究思路，从实践性和操作性的角度考虑，可重点借鉴胜任力"冰山模型"理论，从知识、技能、自我概念、特质和动机等方面展开对拳击教练员胜任力模型的思考与构建。

综合目前的研究来看，国内外有关胜任特力研究与思考存在四个方面的不足：1. 胜任力要素的确定上，比较求全，忽视胜任力要素与绩效的关系；2. 国内研究的方法主要比较单一，缺乏质化研究与量化研究方法的结合；3. 缺乏对不同职位类别、不同行业性质、不同岗位的胜任力模型做出区分与比较分析；4.管理者胜任力研究较多，非管理者的胜任力研究相对较少。

2.1.3 胜任力的研究方法

建立胜任力模型有多种方法，主要包括行为事件访谈法、问卷调查、专家小组法等。

2.1.3.1 行为事件访谈法

目前得到公认，且最有效的方法是美国心理学家 McClelland 结合关键事件法和主题统觉测验而提出来的行为事件访谈法（Behavioral Event Interview，BEI）。行为事件访谈法采用开放式的行为回顾式探察技术，通过让被访谈者找出和描述他们在工作中最成功和最不成功的三件事，然后详细地报告当时发生了什么。具体包括：这个情境是怎样引起的？牵涉到哪些人？被访谈者当时是怎么想的，感觉如何？在当时的情境中想完成什么，实际上又做了些什么？结果如何？然后，对访谈内容进行内容分析，来确定访谈者所表现出来的胜任特征。通过对比担任某一任务角色的卓越成就者和表现平平者所体现出的胜任力差异，确定该任务角色的胜任力模型（McClelland，1998）。

自从胜任力的概念被提出来以后，已经得到了学术界的认可，并在国外企业的人力资源管理中得到了广泛的应用。作为建立胜任力模型最主要的方法，行为事件访谈法的可信性和有效性也得到了研究结果的支持。Motowidlo（1992）等的研究表明，对同一组人员进行两次访谈所得的胜任力评价结果具有较高的稳定性。McClelland 等对美国国务院外事局两组情报信息官员分别进行了行为事件访谈，发现所建立的胜任力型基本一致（McClelland，1998）。

时勘、王继承、李超平（2002）用此种方法将 20 名中国通信业高层管理者划分为优秀组和普通组，对其进行行为事件访谈，参照胜任力辞典进行编码，并对编码一致性进行检验，由此建立了我国通信业管理者的胜任力模型。仲理峰、时勘（2004）等采用 BEI 行为事件访谈法对 18 名家族企业高层管理者进行研究，建立了家族企业高层管理者胜任特征模型。行为事件访谈法是一种专业性很强的访谈分析方法，可以在有限的时间内全面、深入地了解被访谈者，挖掘大量有价值的信息，是揭示胜任力的主要途径。该方法缺点是访谈、编码和数据分析的过程比较复杂，耗时耗力。

2.1.3.2 问卷调查法

采用问卷法来研究胜任力也是使用得比较多的方法之一。问卷法是通过书面形式，以严格设计的心理测量项目或问题收集研究资料和数据的一种方法。它主要采用量表方式进行定量化的测定，也可以运用提问方式，让受试者自由地做出书面问答（王重鸣，2001）。采用问卷调查法研究胜任力特征，首先是要编制初始量表，通常采用结构化访谈、半结构化访谈或是开放式问卷的方式来收集胜任力特征的项目。其次是对所获得的胜任力特征项目进行筛选，筛选的过程可以运用问卷初测或是专家评定的方式进行。然后将保留下来的胜任力特征项目编制成问卷，在进行大样本的调查基础上，对问卷进行统计分析，一般对问卷数据进行探索性因素分析和验证性因素分析，从而得到胜任特征的结构模型。

王垒、李林等（2002）编制了一个包含325项胜任力的调查问卷，通过对465名管理者的调查，利用探索性因子分析提取了四因子的中国管理者胜任力模型。王重鸣、陈民科（2002）运用调查法对管理胜任特征进行了研究。这个研究在运用基于胜任力的职位分析并总结国内外有关文献的基础上，编制了管理综合素质评价问卷，并运用此问卷调查了220名中高层管理者。在此基础上采用因素分析和结构方程模型检验企业高级管理者胜任特征的结构。

问卷调查法的优点在于可以获得大量的数据，但是由于事先没有区分绩优组和普通组，较难保证所提取的胜任力要素都是与高绩效相关的。因此在采用问卷调查法时，需要进一步研究胜任力与绩效的关系。王垒、李林的研究首先对胜任力和绩效进行了相关分析，然后筛选出一部分与高绩效相关的胜任力要素，在此基础上再建立胜任力模型研究途径的一个最大的优势在于能够比较精确地识别出高绩效者经常表现出来的行为，所构建的胜任力模型的效度和信度较高。问卷调查法的不足之处在于：它不够灵活，多数问卷要求从结构方式回答问题，使人感觉不能充分表明自己的态度，有时还会由于许多项目没有回答而使问卷失效。

2.1.3.3. 专家小组法

采用专家小组法研究胜任力，就是由该研究领域权威专家组成的小组通过对每个胜任力特征项目做详细分析和比较，然后再由专家们经过几轮删除或合并获得胜任力指标的方法。采用这一方法，首先是收集相关胜任特征条目。一方面可以采用文献法，即通过收集大量研究文献对涉及的条目进行详细的分析，根据条目的概念及内涵进行归纳、合并来获得胜任特征条目；另一方面也可以通过开放式问卷来进行收集。其次，要注意选择合适的专家来进行评定。如罗正学等（2004）在胜任特征模型评价一致性研究中，为了保证筛选的指标既符合心理学的要求又符合部队实际工作要求，特选两个专家组轮流评价，完成条目的筛选工作，经过4次反复收集和整理专家意见，最后形成了11个项目。最后一个步骤是把专家评定后的项目编制成评价量表，对研究群体进行施测，然后在此基础上对结果进行统计分析，得到相应的胜任力结构模型（叶茂林、杜瀛，2006）。

采用专家评定法研究胜任力有着和问卷调查法相同的优点，但是同样也存在着不足之处。一方面在专家的选择上，怎样才能保证专家的权威性和专家小组组成的合理性是在实际研究中需要解决的问题；另一方面，由专家们来对胜任力项目进行筛选必然带有一定的主观倾向性。这也是采用专家小组评定法来研究胜任力需要注意的问题（叶茂林、杜瀛，2006）。

可见，在胜任力研究时，可供选择的研究方法有很多种，且每一种方法都有其优点和不足之处。要对管理学人力资源胜任力这一异常复杂的问题进行深入的探索，采用一次性的研究或只使用某一种方法进行研究的这种一劳永逸的办法是不可能的，需要研究者尝试多种方法的有效结合或相互弥补，从而提高研究的严谨性和科学性。

2.2 体育领域内胜任力理论应用相关研究

体育教练员的执教工作是一项专门化的教育活动。这种专门化的教育活动无论在工作内容上还是工作方法上，都要求教练员们具备较高的职业素质，只有这样才能不断提高运动训练的科学化水平，充分挖掘运动员的潜能。现代科学技术与训练理论结合日趋紧密，使得运动员的竞技能力不断接近人体极限，运动员成绩的每一点提高都需要教练员付出艰辛的劳动。因此，现代训练对教练员职业素质的要求就显得更加突出，近年来，随着多学科理论及技术成果在体育运动领域内的运用，不断提升了中国体育管理、运动训练科学化水平，促进了学校体育、社会体育、竞技体育的飞速发展。其中胜任力理论在体育相关领域内的相关研究主要有以下几个方面：

2.2.1 体育领域不同职位胜任力研究

在进行胜任力的差异比较的研究中，主要涉及到不同水平、不同组织类型和规模、不同性别的员工和管理者的胜任力的区别。Case 和 Branch（2003）的研究结果显示，高水平运动设施管理者的高等级胜任力包括预算、交流技能、设置优先权、代表能力、决策、目标设置、问题解决、理解合理问题、个体评估技能。初级或入门水平的运动设施管理者的主要胜任力包括写作或口头交流技能、认识设备的安全和危险、问题解决、决策、电脑知识、时间管理、风险管理。Jamieson（1987）得到的研究结果显示，从教育（大学）、公共部门（市政）、军事休闲机构的研究中所得到的运动管理者的胜任力，不同机构之间没有显著差异，但在不同专业水平有一定差异。

Judd（1995）以大学运动联合会（NCAA）第一、二、三部门的运动管理者为被试，确定哪些特征是一个成功的校际运动项目管理者所必需的，并探讨不同职位和性别的管理者对这些特征的重要性的认识差异；结果表明，在对胜任力重要性的认识上，男女性管理者是存在差异的。Barcelona（2004）确定大学、公共部门、军事休闲等运动项目管理者的所必需的核心胜任力，大学休闲运动管理者更多地注重理论视角而对运动规划较少注重，比较运动管理能力时，所有管理者都注重运动规划和理论视角。Nichelmann（1999）做了关于营利和非营利性组织中体育管理者的研究，他发现营利性组织的管理者与非营利性组织的管理者差异不显著。市场运作、宣传和融资对营利性组织比较重要，而体育科学对非营利性组织比较重要。不同部门、不同水平的运动管理者的胜任力模型之所以存在差异，与他们工作活动的差异、工作职位的等级、组织类型、组织规模等有关。如拥有较少员工的小规模办事处可能需要更多领域的胜任力，或者此领域更广的知识。同时，考察不同管理水平的管理者之间的胜任力差异，如入门水平、中级、高级管理水平，不同的运动休闲管理者可能需要不同的教育和培训。休闲运动管理者有不同的工作职责，如青少年运动项目的管理者所需要的胜任力可能不同于中年运动项目的管理者。以 Horch 和 Schuette（2003）的研究为例，通过问卷调查建立了德国体育俱乐部和体育联盟经理人的胜任力模型：商业管理、事务管理、资金预算、交流、寻找赞助、公共关系和宣传。但不同的体育联盟和体育俱乐部的职业经理的胜任力存在差异，原因可能有：1. 工作活动的差异。2. 工作职位的等级或管理水平的差异，不同水平的管理者所需的能力不同。3. 组织的类型不同，如高水平俱乐部和业余水平俱乐部、高水平体育联盟和业余体育联盟的体育经理人需要的能力存在差异；只有那些真正拥有运动设施的俱乐部会重视经理的设施管理的能力，而联盟却不做这样的要求，高水平的体育联盟更强调有关市场运作、体育科学方面的能力。4. 组织的规模。大型组织管理职位区分的程度更高，对管理职位的区分越多，就更加要求专业的能力，基层管理者则不会被要求那么多的专业能力。5. 职业经理受教育的背景，专业培训的类型不同，有的为商业培训，有的则为体育教育。

2.2.2 体育领域不同职位胜任力模型

已有研究在体育情境中发展了胜任力测量工具，建立了胜任力模型，并进行了胜任力的差异比较研究。Jamieson（1980）建立了休闲运动胜任力分析（RSCA），在此基础上，Toh（1998）从私人俱乐部、YMCAS、公园、休闲机构随机抽取运动管理者，发展了运动管理者胜任力测量工具 Competencies of Sport Managers（COSM），问卷包括六个因素：管理、运动基础、预算、风险管理、计算机技能、交流，经检验，问卷的信效度都较好，并在以后的研究中得到广泛应用。Barcelona（2002）通过问卷调查，建立了休闲运动管理者的胜任力模型：管理技能、运动项目规划、商务程序、理论与基础；和运动项目规划者的胜任力模型：行政管理程序、交流技能、理论与基础、运动项目规划。Barcelona 和 Ross（2004）运用运动管理者胜任力测评工具（COSM）确定大学、公共部门、军事休闲等运动项目管理者的所必需的胜任力：管理技能、运动规划、商业管理、理论视角，能帮助此领域在学术准备、专业培训、继续教育上变得更有说服力。

Forkker（2004）的研究中建立了美国国家公园与休闲组织管理委员会成员的胜任力模型：战略思维、教育能力、逻辑思维、分析问题、人际关系和政策执行。可见，职位和角色不同，胜任力是有差异的。但这些研究未进行基准性胜任力和核心胜任力的区分研究，多是对基准性胜任力的研究，但真正决定绩效的是核心胜任力（Core Competency）应加强对核心胜任力的确定和鉴别。

在管理领域中，研究者不仅建构员工和管理者的胜任力模型，同时还考察胜任力的影响作用。如仲理峰（2002）在研究我国家族式企业高层管理者的胜任力时，不仅建立了胜任力模型，还对胜任力与员工组织公民行为和任务绩效关系进行了研究。

2.2.3 体育教练员的思想素质与职业道德

所谓教练员的思想素质，简德平（2006）指出"教练员为不断提高竞技运动水平，勇攀世界体育高峰，为国家的荣誉、民族的威望，为实现我国的社会主义体育事业的总目标，在自己的工作实践中所表现出来的良好的精神风貌和优良品质"。许多著名的教练员的成功经验证明，他们在训练工作中之所以取得优异的成绩，一个主要原因是因为他们忠诚于自己为之奋斗的事业，把为国家培养体育人才看作是神圣而光荣的使命，这种高度的责任感为他们在事业上取得成功奠定了坚实的思想基础。教练员的严谨治学、科学求实、勤于进取的工作态度，是教练员训练水平和业务能力不断提高和发展的基础。

教练员的执教工作是一种特殊的教育过程，张锐铧（2010）指出在这个过程中"教练员不仅指导运动员提高或保持运动成绩，而且需要加强对运动员思想作风的培养和良好意志品质的修炼，完成对运动员的成长教育，促进其全面发展"。教练员不仅要把运动员培养成为一名优秀选手，更重要的是要教育他们树立正确的价值观与人生观，懂得自尊，团结友爱，关心集体，培养他们坚韧不拔、奋发向上的拼搏精神。教练员自身的道德品质和言行举止对运动员的成长产生重要的影响。

教练员的职业道德是指"在训练、培养运动员的活动中以其内心信念和特殊社会手段维系的，以善恶进行评价的心理意识、行为原则和行为规范的总和，它是教练员在从事职业劳动的过程中形成的一种内在的、非强制的约束机制"。邓道祥（1987）教练员的职业道德规范主要有：爱岗敬业、积极进取；科学求实、精益求精；授业育人、为人师表；团结协作、遵纪守法。

教练员对运动员的训练和培养首先是一种责任，这种责任是通过每一位教练员的工作，以及他的工作方式体现出来的，教练员的形象会直接反映到运动员、其他教练员以及那些没有参与教练工作的人的印象中。教练员的正面模范作用和其他良好的体育道德影响作用是至关重要的，是公平竞赛等职业道德行为的使者、教育者和守护者。

教练员与运动员的关系对运动员的道德培养具有基本性的影响作用，在任何情况下，教练员的行为都应当起到适宜的模范作用，基于这一点，很多教练员都会有一个职业道德准则来指导自己的决定和行动。国际拳联曾制定出一个全球范围的拳击教练员职业道德准则，其基本内容包括："尊重人权；遵守竞赛规则；尊重其他教练；对精通业务的精神推崇；尊重教练员形象；尊重团队精神等"。国际拳联教练员职业道德准则明确了教练员行为举止的要点，强调了教练员应该清楚自己肩负的责任，提出了教练员的首要作用是通过挖掘运动员的成绩潜力来促进运动员的个人发展进程，在这一过程中要考虑运动员的长远利益，而非短期行为。

2.2.4 体育教练员的文化素质与知识结构

邓运龙（2002）认为："目前我国体育教练员科学文化素质普遍偏低，学历教育以函授为基本构成，岗位培养不利，科研能力较弱且自学者不多。"黄莉（2003）指出"教练员文化素质普遍不高的现状制约着我国竞技体育的进一步发展，而影响教练员文化素质的主要因素是职前培训存在缺陷和职后培训不足"。因此，丁道旭（2003）认为："提高教练员的文化素质是竞技体育发展的必然要求，必须从青少年抓起，完善整个竞技体育文化教育体系以及教练员的聘任和管理制度，从而确保提高优秀体育人才的文化素质。"

学者们在对教练员文化素质现状进行分析的同时，也对教练员的知识结构进行了研究。在训练实践中，教练员需要不同学科的知识，并涉及不同的内容和运用范畴，而这些知识对运动训练的影响也各有不同，因此需要建立合理的教练员知识结构。田麦久教授认为："教练员知识结构的核心和主体是运动训练理论知识，哲学思维科学知识和工具学科知识是基础和两翼。"

尹军（2000）认为："教练员需要掌握的知识应该包括运动生理学知识、运动医学知识、运动解剖学知识、保健与营养学知识、运动心理学知识、体育教育学知识、哲学知识、专项运动训练学知识、专项技战术训练知识、专项选材经验、专项训练和比赛经验等。"教练员的这些知识结构具有一定的动态性、层次性和综合性，专项知识是教练员的核心文化素质，不同项目教练员的专项知识也不尽相同。基础知识、选材经验、医疗保健知识和辅助知识等则体现了教练员知识面的宽广程度。

陆璐（2006）通过现场观察、访谈、问卷调查等方法，对教练员知识结构的组成和形成途径进行了探析，该研究认为："现阶段我国教练员知识结构以专项教学训练知识为核心，一般性教学训练知识、专项内容知识为主体，外围知识为支持的模式。教练员的知识有不同的来源，最重要的是教练员自身的执教经验和反思、作为运动员时的经验以及与同行的交流学习。"范秦海（2006）对田径教练员的知识结构进行了研究，得出田径教练员的知识结构是一个"以运动员先天性身体素质知识、对田径运动技术的掌握与正确认识、运动员的身体与技术训练知识为核心的金字塔型结构"，并提出学习是获得知识的重要途径。

知识可以分为理论性知识和经验性知识，教练员文化素质和知识结构除了理论性知识之外，还有一类知识——教练员的经验。教练员的经验也可称之为"经验性知识"，它包括教练员在做运动员时的训练经验和指导运动员时的执教经验。很多鲜活的例子表明，教练员也可凭自己的"经验性知识"就能取得一定的训练成绩，因为教练员的经验直接来源于自身的实践，它通常也凝结着教练员对专项特征的认识和体悟。王洪耀指出"教练员的经验与知识的获得渠道不同，但是却能共存于教练员的知识结构之中，而且它们可以相互转化，通过经验—理论—经验—理论的循环过程相互促进和提高"。

2.2.5 体育教练员的执教能力

尽管在古希腊奥林匹克运动会时期就有了指导运动员参加比赛的人员，但是体育教练员作为一种真正的职业出现却是近代的事情。由于体育教练员的工作性质和教师很相似，所以一些形容教师的词汇也自然用到了体育教练员身上，比如在言及教师和教练员的工作能力时最常见的"执教能力"。目前，我国体育学者对教练员执教能力概念的定义是"教练员在认识、反映运动实践活动过程中所具备的各种本领的综合，包括运用知识的能力，指导训练和比赛的能力，保证和完善这一过程的决策能力、管理能力及适应环境的能力等"。王晓春（2007）其核心意义是"指导训练和比赛的实际操作技能"。教练员的执教能力是一种特殊能力，是指导运动员进行竞技运动训练这种专业性活动时所必需的本领或技能。

教练员的执教能力主要涉及在执教过程中所体现出来的、直接影响其执教成绩的专业素养和指导行为。教练员必须具备扎实的专业理论知识、相关学科知识、专项训练过程的设计和实施，以及现场分析和解决各种实际问题的能力。教练员还应该掌握现代科学方法论，具有现代的思维和行为方式。教练员的执教能力也反映在他们应该具有清晰的战略发展眼光，即能够不断站在项目发展的新高度上，统观自己所执教运动项目在世界范围内发展的趋势和特征。教练员的执教能力着重体现在运用先进的科研成果与训练理念，以及对训练和比赛的操控能力。

教练员的工作是一项充满挑战的创新活动，教练员执教能力水平的高低也在很大程度上受其创新能力的影响。陆升汉（2002）指出"当代竞技体育运动技术水平的不断提高，是靠教练员的不断创新训练，才能屡创新高。如果教练员缺乏创新意识，不能及时主动摄取各种新信息，而是沿袭别人的训练方法体系，或运用陈旧的理论知识等，就不能有效地发掘运动员的潜力，使得运动员的竞技能力跟不上时代的发展，缺乏竞争力"。陈小蓉（2008）认为："高水平教练员具备高层次的创新能力主要包括观察力、创新设计能力、预见力、获得情报信息与分析能力、记忆力等6个方面的能力。"

柴国荣（2006）对我国田径教练员的创新能力和培养机制的现状做了深入的研究，认为："我国教练员的专业理论优于基础理论知识，但知识面过窄且不够扎实；科研能力、外语水平不高；在训练中解决问题的能力与方法还有待进一步的提高，这些都是制约田径教练员的创新能力发展的主要因素。培养教练员的创新能力需要从创新基础、创新才能、创新方法和创新意识等方面着手。"

2.2.6 体育教师胜任力

关于体育教师胜任特征的研究成果主要有：祝大鹏（2010）采用访谈法和问卷调查法研究构建出具有 20 个胜任特征的中国高校体育教师胜任力模型，在此基础上通过评价量表的调查统计分析，其认为自信、专业技能、终身学习、调动积极性等 9 方面因素，能较好解释该模型，因此，其研究所得出的高校体育教师胜任力模型可以作为评价高校体育教师胜任特征。张长城（2011）通过构建中学体育教师胜任力模型，认为其包含 5 个维度共 20 项高绩效特征和 15 项共有特征，在此基础上通过编制《中学体育教师胜任力调查问卷》进行调查分析，得出了中国国内中学体育教师总体胜任力水平情况，并对高绩效和低绩效中学体育教师胜任力水平差异性进行比较，并加以案例分析，证明所构建的中学体育教师胜任力模型的有效性，认为该模型可以作为中学体育教师培养、培训、实习的理论依据。李欣（2012）针对中小学体育教师工作对象及自身工作特征与其他学科教师相比之下的特殊性，以及中小体育教师胜任特征与高校体育教师胜任特征的差异性，构建了中小学体育教师胜任力模型。其认为根据中小体育教师工作情景，中小学体育教师胜任力模型应该包括 6 个维度，共计 51 项胜任特征指标，通过验证，证明了该模型的合理性和实用性，可以为提高中小学体育教师胜任力服务。陈敏、吴姜月、宋巨华、王海波（2012）通过问卷调查法对中国高校体育教师 9 项胜任特征进行研究，从高校体育教师的绩效、教学年限、学历三个方面进行了胜任特征的比较后得出在专业技能和个人特质维度的差异造成主体绩效差异，学历的不同造成主体在认知能力维度的差异，教学年限的不同造成沟通与合作维度的差异。徐守森、张月、李京诚（2014）针对中国国内教师专业化的特点，通过文献资料法进行对中国国内学校体育教师胜任特征研究的量化分析。其研究发现，体育教师胜任特征的研究被试对象主要以中国发达地区中学、大学体育教师为主，研究方法以问卷调查法为主，辅以专家访谈法，行为事件访谈法运用较少，且研究人员对体育教师胜任特征及胜任力的认识和理解不够透彻，从而造成研究结论有待考证。

2.2.7 裁判员胜任力

一名优秀的裁判必须具备各种素质和能力。毫无疑问，优秀的裁判员必须具备多种综合素质和能力。在裁判员执裁的过程中，就是其综合能力和整体素质的反应。职业素质和心理素质是其核心素质，无论是对工作态度是否认真，还是对工作的投入、关注度和注意力等，都表现出专业素质。裁判在执法中的所有表现都必须是专业的。心理素质表现在执裁中的心理承受能力好坏，对自己情绪的控制和调整。对教练员、运动员和现场观众来说，情绪的控制和调整是强是弱，这些都与执裁时心里波动的大或小直接相关，能力越强，波动性越小。

执裁能力主要体现在分析和解决问题、沟通协调能力、管理和组织能力以及团队协作能力等方面。裁判员可以对比赛中出现的问题进行快速细致的分析和反应。它可以迅速找到解决问题的办法，使判罚更加及时和果断。管理和组织能力体现在评审过程中管理者和组织者的双重角色。裁判员是导演和演员，必须不断地转变演员和导演的角色。协调和沟通技巧反映在裁判与运动员和教练的互动中。更重要的是，有必要及时与同行进行沟通和交流，包括赛前沟通、赛中的交流、赛后总结等。在交流过程中，语言交流、眼神接触和手势协调同样重要。团队协作能力体现在与同行合作的能力上。优秀的裁判员除了具备以上素质和能力，在执法过程中更关键的是具备阅读比赛的能力。提高裁判员阅读比赛的能力是近几年来裁判非常流行的一句话，与此同时也是所有的裁判员所追求的目标。

张贝贝（2009）指出，中国田径大赛裁判员的素质可以为裁判员的选拔、培养和评价提供参考，因此对田径裁判员素质的研究有助于加强田径队的建设和发展。研究结果表明，裁判员的基本素质结构包括思想素质、心理素质、职业素质、身体素质等。思想素质是田径比赛裁判员有效完成执法工作的基础，心理素质是裁判员有效执法的重要保证，职业素质是田径裁判员有效完善执法的必要所在。身体素质是发挥思想素质、职业素质和心理素质的物质基础。朱兆庭（2006）在讨论足球裁判员的基本素质和技能训练时指出，裁判员的素质和技能决定了足球比赛的整体效果。因此加强足球裁判员基本素质的培养和技能水平的提高，是促进足球运动发展的重要举动。任锋、刘源（2012）在中国藤球裁判员从业素质的调查研究中，指出我国藤球裁判员年龄存在很大差距，存在着缺陷；一般水平的裁判员英文水平亟须提高；与此同时大型国际竞争临场经验较为缺乏。建议国家加强藤球裁判员的管理制度建设，建立健全完善的培养、培训计划，及时更新培训内容，丰富培训形式和方法，重视培训年轻的高素质裁判员。谢自豪（2006）在 CBA 和 NBA 裁判员综合素质的比较研究文章中指出，CBA 裁判员的综合素质（知识文化、心理和技术）明显比 NBA 裁判员要弱，并探讨了影响综合素质的各种因素，为篮球裁判员的训练提供有益的参考。

罗攀（2010）在篮球裁判员必须具备专业素质和现场技能的一篇文章中指出，篮球裁判员应具备各方面的素质包括篮球规则、专业技术、奔跑能力。临场的技巧包括强大的自信心、稳定的情绪、抗干扰能力和高尚的职业道德以及裁判员之间的默契配合。申旭（2007）在对跆拳道裁判员执裁能力影响的分析与研究中指出，中国跆拳道队在 2005 年世锦赛前后的国际大赛中没有取得多大突破，其中主要原因是我国跆拳道裁判员在国内比赛中不能第一时间准确地将规则的最新技术导向传达给运动队，这说明在一定程度上跆拳道裁判员对跆拳道比赛的处理能力有很大的影响。只有具备高水平、高素质的裁判员才能有效保障跆拳道运动的正常发展和推广。崔君浩（2014）对影响网球裁判员裁判能力的各种因素进行调查、分析、研究，并对其行使自由裁量权的影响因素进行研究。调查结果表明，裁判的职业道德、职业能力、心理因素、外语交际能力、身体素质和裁判规律是影响网球比赛结果的重要因素。吕效华（2015）在中国体育舞蹈裁判员判断能力影响因素的研究中，通过数理分析法，评估了裁判员执裁能力的影响因素，并得出以下结论：职业素养、业务能力、身体素质和文化水平、心理素质以及执裁的经验都是影响执裁的重要因素。

随着中国竞技体育赛事职业化发展，关于胜任力理论在裁判员这一特殊群体中的应用也正引起科研人员的关注，但此方面的研究相对较少，主要有徐波（2008）认为中国职业足球比赛规模越来越大、对抗越来越激烈，对足球裁判员素质要求也越来越高，其以中国职业足球比赛裁判员胜任力为研究对象，通过访谈法、问卷调查法、案例分析法等方法对其足球比赛裁判员胜任特征进行研究得出：中国职业足球比赛裁判员胜任力模型包括文化素质、思想品德素质及业务能力 3个维度 15 个子维度，共计 72 个要素；并且研究了足球裁判员胜任力模型的裁判员职业资格认证方面的应用，指出了足球裁判员优秀绩效者与普通者在胜任力特征方面的差异性。张大中、杨剑（2010）以胜任力理论为基础通过问卷调查法，以定量分析对中国篮球裁判员胜任特征研究，得出篮球裁判员胜任特征有临场执裁、职业素质、个人特质、自我完善、动机、人际沟通六个方面组成，研究认为不同级别、性别的篮球裁判员其级别对其临场执法、人际沟通、职业素质具有影响，级别高的男性篮球裁判员在执裁能力要优于女性篮球裁判员，女性篮球裁判员人际沟通能力要优于男性篮球裁判员，篮球裁判员职业素质与其裁判员级别呈现正相关。

2.2.8 教练员胜任力相关研究

表 2.1　中国国内关于教练员胜任力文献汇总表

序号	作者	题目	期刊
1	刘鎏　王斌 时勘　凌晨	体育组织中的胜任特征研究现状与展望 [J]	武汉体育学院学报，2006，06：56-58.
2	孙娟	天津市体育教练员人才资源调查及胜任力评价模型 [D]	北京体育大学，2007

续表

序号	作者	题目	期刊
3	张大中 王海波 杨剑	我国篮球教练员胜任特征的特点分析 [J]	沈阳体育学院学报，2008，05：104-106
4	邱芬	我国专业教练员胜任特征模型、评价量表的建立及测评研究 [J]	体育科学，2009，29（4），17-26
5	孙庆国 孙娟 李少丹	体育教练员胜任力研究 [J]	体育文化导刊，2009，03：46-49.
6	胡泪	导入胜任力模型的健身教练员培训体系构建 [J]	上海体育学院学报，2010，05：31-34.
7	尹碧昌	我国田径教练员胜任力模型研究 [D]	北京体育大学，2011
8	汤勇强 王君　薛俊	广东青少年足球教练员评价体系研究 [J]	体育文化导刊，2011，11：58-60+113.
9	王照勋	对吉林省举重教练员胜任力的综合研究 [D]	吉林体育学院，2012.
10	吴胜　吴刚 吴秋娟	基于胜任力特征理论的排球高级教练员岗位培训研究 [J]	浙江体育科学，2013，04：12-14+38
11	贾丽娟 吴鲲	我国职业篮球教练员职业特征与胜任力的关系 [J]	武汉体育学院学报，2013，04：46-48.
12	张霈 龚明俊	我国排球高级教练员胜任力水平评价体系研究 [J]	河北体育学院学报，2014，03：59-63.
13	张斌	基于岗位胜任力的瑜伽教练员职业技能评价体系 [J]	经营与管理，2014，05：134-136.
14	张杰 吕墨竹	武术套路教练员体能训练管理胜任力结构研究 [J]	沈阳体育学院学报，2014，06：129-134.
15	张维维	北京市商业健身俱乐部团操教练胜任力研究 [D]	首都体育学院，2015.

序号	作者	题目	期刊
16	甄银龙 赵佳子	基于胜任力视角下浙江省高校篮球教练员岗位培训的研究 [J]	当代体育科技，2015，24：248-249.
17	王照勋	对吉林省举重教练员胜任力的综合研究 [D]	吉林体育学院，2012.

胜任力理论在管理学、心理学和教育学领域的成功应用，使得其在体育领域的应用成为可能。借助于其他领域的研究经验和范式，体育领域关于教练员的胜任力研究正在逐步展开。从国内关于体育教练员胜任特征的相关研究内容来看，国内的研究大多数都以文献研究为主，少见实证性研究。

本研究以教练员知识、素质、能力、胜任力为主题通过检索、梳理中国知网收录的与体育教练员胜任特征相关文献。通过文献整理发现，近年来研究多以基层教练员、高水平教练员、健身俱乐部私人教练应具有的知识、素质、能力为主进行教练员部分胜任特征的研究相对较多，运动项目涉及花样体操、篮球、足球、乒乓球、跆拳道、网球、健美操、田径、曲棍球、武术、冰雪项目等，而以胜任力理论为基础，以体育教练员及各个体育项目教练员所应具有全面胜任特征的研究相对较少（见表 2.1）。

尹军（2000）在对不同体育运动项目的优秀教练员研究后发现，之所以这些人员能够成为优秀教练员是因为其拥有良好的专业知识、外围知识所构成的知识体系。良好的知识构成对其完成训练工作具有很好的提升作用，且教练员能够将所掌握知识运用到训练活动中来的迁移能力，对其自身知识结构内部变化有积极影响。吕万刚、顾家明（2003）针对体操教练员进行研究，在全面分析现状竞技体操发展趋势及训练特征的基础上，认为创新是竞技体操不断发展的内驱力，而体操教练员所具备的知识和能力是其进行创新的根基，体操教练员应具有坚实基础知识、高深专业知识、广阔相关知识的知识构成；同时还应具备创新能力、协调能力、转化能力，最后指出了体操教练员知识、能力的培养途径。陆璐（2006）通过访谈法、观察法等方法研究得出中国教练员知识构成中多由专项训练知识、一般教学训练知识及外围知识所构成，且知识结构的形成多源于运动经历、自学过程，主动获取知识途径不多，自身获取知识的意识有待加强，指出了今后基础知识和外围知识应为教练员知识培训的重点内容。

国内学者刘鎏（2006）使用关键行为事件法构建了体育教练员的胜任力模型，并确立了教练员取得有效工作业绩的关键行为特征：即知识的获得、团队意识、相信团队成员、促进合作、权威、自信、关注细节和关怀，并将我国体育教练员的胜任力模型与国外体育管理者胜任力模型进行了比较，发现只有三项相同或相似，在整体上存在巨大差异。

张大中、王海波（2008）等采用文献研究结合问卷调查对我国篮球教练员的胜任特征进行了研究，分析了不同绩效、执教年限、性别的篮球教练员胜任力水平的差异和不同特点。孙庆国、孙娟（2009）等构建的体育教练员胜任力模型包括学习能力、专业能力和工作绩效三个主要方面，指出学习能力和专业能力是胜任力模型的基础，工作绩效是衡量一个教练员是否胜任教练员岗位的最直接的指标，并采用模糊矩阵综合评价方法对部分体育教练员的胜任力进行了评估。

尹碧昌（2011）也使用关键行为事件访谈法，从理论与实证相结合的角度，探讨了我国田径教练员要取得优异的工作绩效所需要的胜任特征，初步建立了田径教练员胜任特征模型体系，并通过胜任特征模型编制胜任力测评问卷对我国目前田径教练员的胜任特征现状进行了进一步的探析，试图为体育教练员的选拔、聘任、绩效评估，体育教练员胜任标准和任职资格标准的制定提供实证研究的依据。

Eitington.J.E（1989）研究认为，一名优秀教练员应具备五方面的素质：1.善于营造一个具有支持性氛围的团体；2.能够给予和获得他人建设性反馈意见；3.善于倾听别人建议和观点；4.善于成功地移植、引进、和利用相关学科知识的能力；5.能够控制一个具有开放性氛围的团体。过家兴（1991）根据中国国情及竞技体育发展特点，认为体育教练员应具备 6 个方面的素质：1. 高度政治觉悟；2. 高尚道德情操；3. 强烈职业责任感；4. 熟练掌握教育学和方法学的技能；5. 勇于探索、大胆创新；6. 丰富的专业知识和实践经验。刘鎏得出中国专业体育教练员应该具备自信、权威、团队意识、关注细节和关怀、知识获取、相信团队成员并促进合作等 6 方面素质要求。吴飞、刘国斌（2007）对中国优势运动项目乒乓球国家队教练员素质进行调研，认为其素质结构包含思想认识、意志、行为 3 方面的要素所构成，中国乒乓球队教练员一般具有良好素质，其具有高度的奉献于体育运动的事业心和责任感，工作踏实、务实，意志品质顽强，梯队间乒乓球教练员素质结构特征自信、顽强方面存在一定差异性。

许登云、乔玉成（2010）通过研究中国 10 位成功教练员的素质得出：成功教练员除了应该具备满足运动训练所必需的思想、道德、知识、心理等素质外，还应该具有独特个人特质，例如志气、才气等，很多情况下正是优秀教练员所拥有的这些独特个人素质，有助于其走向成功的道路。祝大鹏（2010）研究指出中国体育教练员应具备自信心、责任心、动员能力、专业技能、反思能力、终身学习、明确的发展目标、创造性、关注细节 9 项素质。徐玉明、谢会磊（2012）研究得到优秀教练员创新素质构成，通过问卷调查，进行定量分析认为中国优秀教练员的创新素质特征水平及特点，得出优秀教练员创新素质要优于一般教练员。

尹军、于勇、蔡有志（2001）认为优秀教练员能力结构是由认知能力和实践操作能力两个一级指标层面所组成的动态综合体，其二级指标内容包括了训练能力、创新能力、管理能力、科研能力、指挥能力、协作能力，其中以专项训练能力为主线的多种能力的综合，对运动项目的认识能力是各种能力中的关键能力，科研能力对其能力结构合理性有重要影响，优秀教练员能力结构具有复杂性、综合性、差异性特征。潘永芝、吴飞、刘国斌（2005）通过对中国国家乒乓球队教练员所具备的能力进行研究后认为其能力是由专项训练能力、立场指挥能力、管理能力、创新能力、合作能力、科研能力所组成的能力群，其中专项训练能力、临场指挥能力、管理能力位列前三，该研究成果对培养高水平乒乓球教练员具有借鉴作用。王小春（2007）通过对中国高校高水平田径教练员执教能力进行研究认为影响其执教能力的因素依次为实践、专业学习、环境等，高校特殊的训练环境导致教练员训练能力的发展空间、发挥程度受到影响，但是高校教练员具有良好的教育能力和学习能力，且独立分析和解决训练中所遇到问题的能力。

在教练员胜任力研究方面：孙娟（2007）通过对天津市体育教练员人力资源现状进行调查后，借助胜任力理论，研究认为教练员胜任力模型主要包括人格特质、学习能力、专业能力和工作绩效四个维度；在人格特质上优秀体育教练员具有创新、自信、乐观等特点；优秀体育教练员具有职业精神及运用各种专业技能能力，且能将理论知识与运动训练实践结合。其认为在体育教练员人力资源开发中，应以绩效管理为手段，将教练员人格特质作为教练员选拔的参考，加强教练员职业精神培养。

张大中、王海波、杨剑（2008）通过问卷调查法对中国篮球教练员胜任特征特点进行研究和分析，其认为中国篮球教练员胜任特征包含个人特质、临场指挥、人际关系、进取/战略、领导行为。篮球教练员在个人特质、临场指挥、进取/战略特征方面的差异性，造成其绩效取得的差异；男、女篮球教练员在领导行为维度上存在差异；临场指挥、人际关系胜任特征差异受到执教年限的影响。邱芬（2009）运用行为事件访谈法、质性研究与量化研究相结合的方法，构建了中国专业教练员胜任特征模型，其包括知识获取、创新、团队合作、沟通、权威、关注细节、洞察力、解决问题、分析思考9项特征。在专业教练员胜任特征评价量表制定、调查、统计、分析的基础上，具体考察不同级别、不同项目教练员的胜任特征的差异性及各自特点，且教练员胜任特征与运动员对其满意度间存在相关关系。

孙庆国、孙娟、李少丹（2009）认为其构建的体育教练员胜任力模型是由学习能力、专业能力、工作绩效三个方面组成，其认为学习能力、专业能力是教练员胜任力模型的基础，工作绩效是教练员胜任工作中最主要指标，处于体育教练员胜任力模型的顶端，提高体育教练员绩效是教练员人力资源管理中的最终目标。尹碧昌（2011）通过对田径教练员胜任力模型进行研究，认为其由 4 个维度 18 个胜任特征组成，通过检验证明了模型的可靠性和稳定性，该胜任力模型对于教练员管理、职业资格制定具有重要的理论及应用价值。贾丽娟、吴鲲（2013）以中国职业篮球联赛篮球教练员为研究对象，通过访谈法和量表测量法对其胜任特征和教练员胜任力进行研究，经过数理统计、分析，认为职业篮球教练员胜任特征是由社会特征、能力特征、人格特征所组成。职业篮球教练员社会特征、能力特征对其胜任力有很好的预测作用，而人格特征对其胜任力则不具有正向预测的作用。

王照勋（2012）通过吉林省举重教练员作为研究对象，对吉林省举重教练员胜任力特征研究，认为吉林省举重教练员能将专业知识运用到举重训练中，与运动员建立良好关系，具有个人特质动机，研究所得出的胜任力特征能对优秀与普通举重教练员进行有效区分。张霈、龚明俊（2014）通过文献资料法、特尔菲法等，根据排球教练员专业及工作特点，构建中国排球高级教练员胜任力水平评价体系，该评价体系由相互影响的科学组织训练能力、指挥比赛能力、管理教育能力和科研与创新能力 4 项主要内容组成。科学训练能力是排球教练员最核心能力，该模型可以为评价中国排球高级教练员工作提供参考依据。

上述成果代表着近年来我国体育教练员胜任力研究的新动向。虽然一些学者对体育教练员的胜任力开展了初步研究，但是总体来说针对特殊专项教练员的胜任力的学术研究比较缺乏，已有的研究工作也还是刚刚起步，在理论基础和研究方法上还存在着一些不足。目前的各种胜任力的标准框架比较笼统，忽略了环境的、具体职位层次的和工作特点的差异，另外工作的要求和工作环境也是不断变化的，所以胜任力模型也应该具有动态发展性。

目前对体育教练员胜任力的研究主要是采取静态分析法，只注重胜任力模型的构成要素的划分，没有对要素间关系进行探索。从一定意义上来说，这种研究方法把胜任特征及其要素看成是彼此孤立、静态的因素，从而缺乏对胜任力模型结构中各要素之间的系统性进行恰当的分析，这也在一定程度上影响了人们认识和理解体育教练员胜任力的本质和特点。

研究拳击教练员的胜任力主要目的是为了提高教练员的工作绩效，但是目前的研究忽视了教练员胜任力要素与绩效的关系，忽视了胜任力要素对绩效产生的影响，这就降低了胜任力模型的有效性。从实证研究的角度来看，体育教练员胜任力模型的检验方法不仅要对模型内部结构进行检验，也需要增加外部变量，研究胜任力模型与外部变量的关系。比如进行效标关联效度检验就是一种很好的检验方法，可以从方法和理论上同时解决胜任力与绩效的关系。

2.3 未来研究趋势

2.3.1 拓宽研究对象和体育组织情境的研究范围

在胜任力的研究对象上，国外主要以运动管理者为主，少量研究涉及项目规划者、健康俱乐部指导员、体育经理人和运动心理学家。这些运动管理者所分布的体育组织有娱乐休闲和运动俱乐部、健康俱乐部、公共公园和娱乐场所、大学运动管理部门、公共部门、军事机构休闲部门、职业体育俱乐部和体育联盟等。

可见，研究的组织范围主要为运动管理部门和休闲娱乐型体育组织，这可能与欧美国家的国情有关，参与体育的首要目标是健身娱乐，因此也较为研究者关注。

体育情境下的各种组织和各种角色，对推动我国体育事业的发展，都发挥着各自不可替代的作用。今后的研究应适度拓宽，诸如其他管理服务型体育组织、中介型体育组织，以及产品制造销售型体育组织还未被涉及，可以包括运动员和教练员、体育组织官员、体育企业员工、健身指导员等，构建胜任力模型，比较不同组织如非营利与营利性组织管理者胜任力的不同，及不同角色胜任力的差异。

2.3.2 建立基于胜任力模型的选拔、培训和评价体系

理论研究是为了更好地指导实践，服务于实践，实践应用是检验胜任力模型更为有效的途径。有关胜任力的研究自从 20 世纪 70 年代兴起于美国之后，就在英国和其他国家得到了广泛的应用，像 IBM 和 AT&T 等著名公司都将胜任力体系贯穿到了公司整个人力资源管理系统中来，运用胜任力体系进行招聘与选拔、培训与开发、绩效评估、薪酬管理和职业生涯发展规划中。80 年代后期到 90 年代很多国家依据胜任力理论相继设立了本国相关的职业认证体系，如英国国家职业资格体系（National Vocational Qualifications，NVQs）、澳大利亚国家培训局（National Training Board，NTB）认证的新西兰国家资格证书体系（National Qualifications Framework，NQF）及美国发起的全国技能标准。我国也逐渐开始重视胜任力的应用性研究。近年来，时勘等（2006）在开展胜任力模型的理论探索的同时，在实践应用方面取得了一些研究成果。目前人力资源管理师的四个鉴别系统是基于胜任力模型设计的，已经开发出职业资格鉴定的教材、考试指南和题库系统。彭逼眉（2004）研究了胜任力模型在人才选拔中的应用，王进（2006）进行了基于胜任力的企业员工培训研究。

体育领域国外研究者对胜任力的研究中，Jamieson（1987）就提出了基于胜任力的运动管理方式，并讨论运动专家的培训和教育的发展问题。Goslin（1996）提出了基于胜任力模型的运动管理培训和发展模型。Kyungro 和 Young（2003）在建立了健康俱乐部指导员的胜任力模型后也建议，研究结果应作为健康专业人员的培训和教育项目的研究基础。Du Bois（1993）认为基于胜任力的培训由前后需求分析和评估、胜任力模型发展、课程计划、学习干预设计和系统评估，提倡在体育组织中采用基于胜任力的绩效提高系统。

我国在体育领域开展胜任力的研究中，建立胜任力模型的基础上应加强应用实践研究，建立基于胜任力的选拔、培训、评价（绩效考核）体系，并为大学体育管理专业的课程设置提供参考依据。建立运动员胜任力模型，作为运动选材的参考体系。目前我国教练员尚未建

立科学系统的招聘、选拔和培训体系；基于教练员、裁判员的胜任力模型，建构教练员、裁判员的选拔、培训、考核体系。对体育企业管理者、员工和体育组织官员等的胜任力研究要从理论研究到实践应用，为招聘、选拔、培训、工作分析、工作评价、绩效管理等提供理论依据，促进我国体育组织人力资源管理的发展。

2.4 已有研究对本文研究思路和方向启示

拳击教练员是一个特殊且重要的群体。在我国奥运竞技体系中属于潜优势夺金项目，在国际体坛竞争日趋激烈的今天，什么样的教练员才能胜任各自的岗位工作，相关管理部门选拔教练员的标准是什么，如何加强对教练员实施有针对性的科学化培训，如何提高教练员的执教能力，从而确立和巩固教练员在运动训练过程中的主导地位，这是一个意义重大的理论与实践课题。

尽管国内外学者对教练员的职业素质和执教能力等相关问题做了不少研究，但是现有研究还存在着一些问题，如有些概念尚需要进一步的推敲和界定，缺乏对各种素质间的横向或纵向关系的探讨，这就使得教练员职业素质的研究重复而缺乏系统性。更重要的是，目前缺乏一套科学客观的教练员评估指标体系。虽然，我国已有学者把胜任力理论引进的教练员能力的研究之中，但是这些研究取样的代表性不强，且缺乏对胜任力模型的验证。当前关于胜任力的研究，已经从当初的一个识别员工能力的辅助工具，慢慢发展成为一个目标明确的开发性活动，因此，对教练员胜任力的发展和培育机制的研究就显得尤为重要。另外，当前对教练员的胜任力研究，大多是一般性通用胜任力的探析，尚缺乏对具体专项教练员胜任力的研究。

胜任力理论的研究是本文研究的理论基础和起点。胜任力的概念从 McClelland 以来已经有了很大的发展，对实践有着巨大的影响力。但是，胜任力的研究也存在着一些不足，有些胜任力研究的关注视角很窄，概念模糊不清，而且术语晦涩、难懂。胜任力模型常常不能处理与绩效相关的组织独特性和情景差异影响。所以胜任力的研究在理论和实践中还需要不断地完善，很多观点和做法还有待继续补充和改进。

国内外的很多研究都是按照 Spencer 编制的通用胜任力词典，对不同的岗位工作者使用了同样的语言，而统一的语言很难描述具体的岗位胜任力，因此，加强胜任力的本土化和特异化研究将更具实践意义。其实，不同组织文化与行业差异的胜任力是不同的，国外的成果难以直接照搬套用，一种组织的胜任力研究成果也往往不能直接应用到其他组织。

上述研究是从各个角度阐述了作为一名教练员应该具备的知识、能力和素质，是全体教练员的共性特征。在这些能力特征中有的可能对优秀教练员与一般教练员具有区分性，有的则不具备区分功能。且以拳击教练员为研究对象的知识、素质及能力的研究文献尚属空白。拳击教练员多由运动员转行而来，中国拳击运动员的知识结构和文化素养仅停留在专项知识与技能上，有丰富实践经验的拳击教练员写不出高质量学术论文，而有学术背景的人又不懂拳击，对拳击的理解和领悟停留在外在表象，无法深刻洞悉优秀拳击教练员所具备的各种知识、素质、能力。另外，在体育教练员胜任力研究方面，由于运动项目不同对教练员的气质类型、执教能力等要求具有差别化，因此对各运动项目教练员胜任力提出多样化要求，理论上通用的体育教练员胜任力结构模型，对不同岗位教练员理想心理特征、行为特征等方面研究还不够深入和具体，这也是优化教练员胜任力结构所面临的问题，通过进一步研究，既可以建立科学的、有效的专项教练员胜任力培养体系，同时也有助于专项教练员更好认识项目性质、特点，提高训练水平。

在不同社会环境、文化背景及体育行政管理体制下，对教练员胜任力建构也会产生不同影响。因此，教练员胜任力研究必须在正确的科学研究方法基础上，对不同教练员群体、不同社会制度下其所应该拥有的胜任力结构进行针对性研究。从中国国内关于教练员胜任特征的相关研究内容来看，国内的研究大多数都以文献研究较多，实证性研究较少；问卷调查调查法运用较多，胜任力研究经典方法——关键行为事件访谈法运用较少；教练员的基准性胜任特征研究较多，而促成其成为优秀教练员的成就动机、影响力、自我控制等方面研究较少。

胜任力理论在多学科领域的成功应用，使其在体育领域的应用成为可能，本研究欲通过进一步研究借鉴其他领域研究经验和范式，考虑具体社会环境、具体文化背景、具体职位层次和运动项目特点，采用胜任力理论筛选出拳击教练员核心的胜任素质，建构中国拳击教练员核心胜任素质模型，挖掘出那些能够区分优秀和普通拳击教练员的知识、行为技能或个人特质等，强化拳击教练员胜任力要素与其绩效之间关系，增强拳击教练员胜任力模型有效性。从而为全面建立中国拳击教练员胜任力结构模型奠定基础，因此本研究不仅具有理论创新，同时也可为中国拳击教练员招聘选拔、培训、绩效管理等提供借鉴和技术支持。

本研究对国内外相关胜任力的文献资料进行了检索查询，发现大多数研究集中在企业、政府、学校、医院等，而在体育领域中有关教练员的胜任力研究还显得不够全面，且缺乏深度，尤其缺乏对不同专项教练员胜任力的探索。

综上所述，现有文献对本文提供了如下启示：

1. 对拳击教练员进行胜任力研究，不仅是我国体育管理事业发展的需要，同时也将拓宽胜任力的研究范围。

2. 鉴于拳击教练员素质与能力文献的匮乏，通过其他运动项目文献的回顾与梳理，结合自身运动实践，通过质性研究中国优秀拳击教练员的胜任力素质，以期能够在体育行业的特殊专业内发展完善胜任力理论，建构出符合客观实际的拳击教练员胜任力理论。

3. 如能达到研究目的——构建中国拳击教练员的胜任力模型，将会有力地促进中国拳击教练员的人力资源管理水平。

4. 拳击项目是奥运争光计划的潜优势大项，具有一定的代表性和影响力，所以，本研究的路线、方法和成果也会对其他运动项目的同类研究提供经验和借鉴。

2.5 本章小结

一、本研究对胜任力诞生以来的相关概念及内涵进行梳理和分析之后，结合体育专业特点认为，拳击教练员胜任力是"在拳击运动训练实践中，能将高绩效教练员与普通绩效教练员区分开来的，并可以被可靠测量的个体外在行为和潜在特征"。

二、胜任力模型理论及其在体育及其他相关行业实践研究为本文提供了研究思路，从实践性和操作性角度考虑，本研究重点借鉴胜任力"冰山模型"理论，从知识、技能、自我概念、特质和动机等层面对拳击教练员胜任力模型思考与构建。本研究认为拳击教练员胜任力模型是指拳击教练员在指导运动员参加拳击运动训练和比赛的具体情景中所需要具备的胜任特征的总和。

三、胜任力理论诞生以来，其在多学科领域成功应用，使其在体育领域的应用成为可能，本研究欲通过借鉴其他领域研究经验和范式，考虑具体社会环境、具体文化背景、具体职位层次和拳击运动项目特点，采用胜任力理论筛选出拳击教练员核心的胜任素质，系统地、综合地建构中国拳击教练员核心素质模型，因此本研究不仅具有理论创新，同时也为中国拳击教练员招聘选拔、培训、绩效管理等提供借鉴和技术支持。

第三章　中国拳击教练员胜任力模型的构建

本章研究假设：假设一，中国拳击教练员胜任力模型可通过其行为表现来构建，因此通过识别那些拳击教练员的典型行为，就能组成一个测量其胜任力且具有一定可靠性的测量工具；假设二，所构建的中国拳击教练员胜任力模型是一个多维结构模型，其能有效描述中国拳击教练员胜任特征；假设三，根据中国拳击教练员胜任力理论模型所编制的《拳击教练员胜任力问卷》具有良好效度，可以检验研究所获得的胜任力模型的因素结构。

3.1 中国拳击教练员胜任力理论模型构建

拳击教练员胜任力模型理论结构分析是本文研究的重点，决定着本文后续研究工作的合理性、客观性和科学性。因此，本部分将采取定性研究和定量研究相结合的方式对我国拳击教练员的胜任力要素进行收集与归纳。

首先运用文献资料研究的方法探明我国拳击教练员在执教过程中应该具备什么样的知识、技能及其相关的行为特征，初步筛选拳击教练员胜任特征要素。其次，利用质性分析的研究思路，选择部分优秀拳击教练员进行行为事件访谈，运用有关学者介绍的访谈结果整理技术对拳击教练员的访谈文本进行内容分析，提取优秀拳击教练员的胜任特征要素，再经过专家评价后初步确定了我国拳击教练员胜任力的理论模型。本部分研究将为进一步探索我国拳击教练员胜任力模型的结构并对其进行检验做好必要的准备。

3.1.1 拳击教练员职业特征分析

教练员是"从事竞技运动训练工作，培养运动员并指导他们参加运动竞赛，争取优异成绩的专业人员"。1999年出版的《中华人民共和国职业分类大典》对教练员职业及其所从事的主要工作内容进行了客观准确的定义和描述："教练员是在体育运动训练和竞赛中，指导、训练和培养运动员的专业人员。从事的工作主要包括：制定训练计划、指导运动员进行体能训练、指导运动员进行技战术和心理训练、安排比赛序列、在竞赛过程中指导运动员进行竞赛。"教练员的工作性质与其他社会性劳动生产不同，他们的工作对象是运动员，劳动产品也是运动员。教练员的工作自始至终都是在与运动员相互影响相互作用的过程中完成的。培养优秀运动员是教练员的直接工作目标，从运动训练的本质来说就是要最大限度挖掘运动员的竞技潜能。对于这样的工作对象，教练员不能像加工无生命的生产资料那样机械化地劳动，需要根据运动员身心发展的规律，选择科学的训练手段和方法进行创造性的工作。

拳击教练员的工作是紧紧围绕运动员的培养而进行的。拳击教练员在选材、培养和充分发掘运动员潜力，帮助他们达到运动技术水平和成绩高峰的多年训练和比赛过程中发挥了巨大作用。教练员的重要任务之一是协助运动员实现他们的运动生涯目标，教练员成功实现与运动员和密切合作和互动过程，需要担当很多角色和完成多方面的工作任务。概括起来，教练员的工作内容主要包括：选拔有潜力的运动员；制定多年、年度、阶段和周课训练计划；对训练过程实施有效监控和科学评价；复杂运动技术教学、优化运动员的训练过程；激励运动员；给运动员做心理辅导；选择、联系比赛、指挥比赛过程；帮助运动员解决生活和学习等其他方面的相关问题。

在大的训练历史背景和共同的训练体制下，拳击教练员与其他项目教练员在职业特征和工作内容方面存在着相似性。但是本文所研究的拳击教练员的胜任力是与其工作的组织环境紧密联系的，这就需要考虑拳击教练员工作的特异性。

按照田麦久教授的"项群"理论，以竞赛规则要求的划分，拳击属于技能主导类同场格斗对抗类项目，依靠打点得分制胜。而田径包含的跑、跳、投的运动成绩属于可测量类项目，可以通过定量表达的时间和距离获得具体的运动成绩。拳击竞赛项目与田径竞赛项目存在着较大的区别。

培养优秀运动员是教练员直接工作目标，对于具有主观性、能动性的工作对象——运动员，因此教练员需要遵循运动员身心发展规律及训练学规律在运动训练活动中进行创造性工作。

拳击教练员与其他体育运动项目教练员在职业工作内容方面存在着一定相似性，但是也存在差异性。按照中国著名运动训练学专家田麦久教授的"项群训练"理论，拳击属于技能主导类同场格斗对抗类项群，依靠打点得分制胜。拳击运动项目与其他体育运动项目存在较大区别，例如田径运动包括 23 个小项，如 100 米跑、200 米跑、400米跑、800 米跑、100 米跨栏跑、400 跨栏跑、跳高、跳远三级跳远、铅球、铁饼、标枪等项目，其跑、跳、投的运动成绩属于可测量类项目，可以通过时间和距离评定运动成绩；另外田径是体能主导类运动项目，运动员体能是训练、比赛的关键，体能好坏决定了取得竞技成绩的优劣。而拳击运动项目是技能主导类项目，想要取得好的运动成绩不仅需要良好的体能，而且还应具备优良的技术、合理的战术、稳定的心理、高超的运动智能，因此对拳击教练员综合素质的要求更高。

田径、篮球、排球、足球等这些体育运动项目准入门槛低，在中小学又有广泛开展，开展普及程度较高运动项目，群众基础相对较好。而拳击运动被称为"勇敢者的运动"，需要习练者有着勇敢顽强的意志品质，同时要进行高强度的身体直接对抗，因而运动门槛较高。只有在地市以上专业队才有此运动项目，按照中国现行的国家队、省队、地市队三级训练体系中，从拳击运动员的选材上就要求基础比较高，因为要进行专业训练，所以对拳击教练员素质要求较高。

从地市级专业拳击运动员培养起，运动成绩突出有发展潜力的运动员输送到省级专业队，省队拳击运动员成绩突出的输送到国家队，这样一个拳击运动员培养体系中教练员压力较大，一名拳击教练员的执教成绩与自己的职称、薪资、岗位都息息相关，拳击教练员的竞争是执教能力与素质的竞争。2013年，国际拳联宣布拳击去"业余化"，对于开展了近30年业余拳击体系的中国拳击运动来说是一个巨大挑战，因此对拳击教练员胜任力研究显得尤为重要。

3.1.2 文献资料综合分析

为了客观地提炼拳击教练员胜任力要素的内容，本文对国内关于体育教练员胜任力研究的文献资料进行了检索，发现对体育教练员胜任力的研究还处于起始阶段，缺乏对体育教练员胜任力模型结构的系统研究，尤其对具体专项教练员胜任力的研究更是少之又少。这不仅说明我国对体育教练员胜任力研究的贫乏，更说明了在不同情境下，对不同行业或特定职业特异化胜任力模型研究的不足。

国内学者基于各自研究的需要，对体育教练员的个人特质、执教能力和知识结构等方面的素质进行了探索，取得了非常有价值的成果。然而这些研究都只是对与教练员岗位工作所需素质的某一特定方面的探讨，它们之间相互独立且不成系统，不能完整、准确地表达胜任力的含义。

拳击教练员的胜任力是多种胜任力素质共同作用的有机体，优异的绩效是多种胜任素质协同作用的结果，单一的胜任素质往往不可能产生优异的绩效。目前对体育教练员的各种能力与素质的探索都是来自横向数据的分析，缺乏发展性，另外也缺乏教练员内在素质与外在行为结果或工作绩效之间的实证检验。

这些问题的存在造成了对教练员胜任力研究的困难。本研究将结合拳击教练员的工作特点，参考国内外学者研究的"通用胜任力模型"以及现有研究中涉及体育教练员能力素质的词条，从更广的范围内搜集胜任力素质研究的条目，以探索拳击教练员的胜任力内容与结构。

在复杂的训练和竞赛环境中，教练员需要扮演各种不同的角色。

有才干的教练员会熟悉不同的角色，并且能在观察到情况有转变时，立刻改变角色。孙庆国（2009）指出："教练员这一特殊群体综合了教师的教学技巧、生理学家的训练技能、商人的管理才能和心理学家的辅导才能，因此其胜任力模型应该具备这些职业身份的某些胜任特征。"

国内学者们主要对体育教练员应该具备的基本能力和素质结构进行了分析研究，通过对近 10 年相关文献中所出现的体育教练员能力、素质特征进行统计，得到与教练员素质、能力相关的词条共 67 个。通过对这些条目进行总结，并根据上述刘鎏（2006）构建的胜任力模型中包含的基本胜任特征要素，初步确定出有可能预测我国拳击教练员绩效的行为特征。由于本研究收集的范围广，条目多，有些条目不可避免地出现了重复、多余，且与本研究的干系不大。因此，本研究在分析拳击教练员工作内容的基础上，对已收集到的胜任特征要素进行提炼、合并与删除，最终初步形成了 48 项有可能预测拳击教练员工作绩效的胜任特征作为拳击教练员胜任特征的内容，它们分别为：人体科学知识、技能学习原理、选材知识、训练理论知识、体能训练知识、专项经验、持续学习能力、指导恢复能力、综合分析能力、自我发展能力、语言表达能力、示范能力、预防伤病能力、训练负荷监控能力、技术创新、探索精神、技术诊断能力、冲突控制能力、逻辑思维能力、发散性思维能力、前瞻性思维能力、洞察力、理解力、影响力、适应能力、沟通能力、激励能力、倾听能力、关注细节、计划能力、时间管理能力、成就动机、自信心、身体适应能力、意志力、勉励、变革性、竞争性、移情能力、责任心、压力应对能力、自我控制能力、主动性等。

在结合拳击教练员职业工作特点的基础上，对收集到的教练员胜任特征词条进行提炼，初步形成了 48 项可能预测拳击教练员胜任特征词条来作为拳击教练员胜任特征的内容（见表 3.1）。

表 3.1　预测拳击教练员胜任特征词条

人体科学知识	技能学习原理	选材知识	训练理论知识	体能训练知识	专项经验	持续学习能力	指导恢复能力
综合分析能力	自我发展能力	语言表达能力	示范能力	预防伤病能力	训练负荷监控	技术创新	探索精神
技术诊断能力	冲突控制能力	逻辑思维能力	发散性思维	前瞻性思维	洞察力	理解力	影响力
适应能力	沟通能力	激励能力	倾听能力	关注细节	计划能力	时间管理能力	成就动机
自信心	身体适应能力	关注细节	时间管理能力	成就动机	自信心	身体适应能力	意志力
变革性	竞争性	移情能力	责任心	压力应对能力	自我控制能力	主动性	勉励

3.1.3 行为事件获取的方法与步骤

3.1.3.1 行为事件技术

行为事件技术（Behavioral Event Interview，简称 BEI）是胜任力研究的主流研究方法，它是一种开放式的行为回顾式探索技术，在发现特定的胜任力要素和内容等关键行为方面具有重要的作用，目前是建立胜任力模型常用的关键技术手段（见图 3.1）。

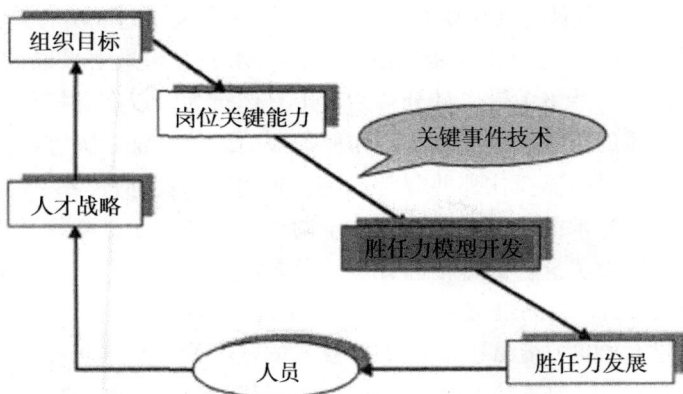

图 3.1 行为事件技术与胜任力发展的关系

行为事件法是 Flana gan 在 1954 年提出的一种人力资源管理的研究技术。早在 McCleIland 提出胜任力概念之前，Flana gan 就在《人事评价的一种新途径》(*A New Approach to Evaluating Personnel*)一书中提出："通过关键事件技术可以从行为的角度系统地观察和描述实际职务的绩效和行为。"这种方法与传统人才测评中依赖智力测验和能力性向测验的思路有很大的差异，目前在人力资源管理和心理学等许多研究领域得到了广泛应用。

所谓关键事件技术，"是被访谈者以叙述故事的方式回忆并告知研究者他们所经历的不寻常的正面或负面事件，研究者应着重于发现其中最精彩发生的事情性质，或由所叙述的事件内容分析得知其决定性的影响因素"。关键事件技术是一种定性的研究方法，可以深入探究现象的本质。关键事件技术的理论基础是，"每种岗位工作中都会发生一些关键事件，绩优者在应对这些关键事件时能做出出色的表现，而普通者的表现则显然不同"。关键事件技术主要是让访谈对象回忆或描述在过去一至两年内发生的导致工作成功的关键事件，具体方法包括：1. 描述该事件发生的具体情境；2. 该事件关系到哪些人；3. 采取了什么样的实际行动；4. 个人对该事件的感觉和认识；5. 最终导致的结果如何。整个流程就是让访谈对象回忆并描述一个完整的成功的实例。

通过观察、记录和判断访谈对象在具体工作情景中采取的方法、策略及行动，并将关键事件分解为若干具体行为，以期能抓住那些反映潜在特质的行为，从而确定工作所需要的胜任特征。关键事件技术涵盖面较广，以能抓住那些非常规的、非例行的关键行为。大部分采用关键事件技术的研究，特别着重于调查所呈现的关键事件类别，以及对该事件中关键行为特征的分类。学者们采用的关键事件技术常常结合量化研究，以测量访谈对象对关键事件的反应程度。

王芳（2008）指出："行为事件技术的基本操作程序可按 STAR 访谈提纲表进行，要求访谈对象提供他们在处理实际问题时是怎么想的、如何做的、说了些什么、感觉如何，并要求明确指出造成成功的原因，在访谈结束后对收集到的访谈文本进行汇总、分析、编码。"行为事件技术在对访谈文本的内容分析方面可以进行开放式的编码，从而避免严格按照胜任力词典进行等级编码。

基于以上分析，本研究决定采用"行为事件技术法"来收集有关拳击教练员的胜任特征，即通过所获得的关键事件对优秀拳击教练员的关键行为进行内容分析，从而提出拳击教练员的胜任特征要素，并在此基础上初步确定拳击教练员胜任力模型的理论结构。

3.1.3.2 访谈对象

本研究的访谈对象主要是国家男子拳击队、女子拳击队教练员。访谈总人数为 14 人，访谈对象全部为执教 10 年以上的、且全部为高级以上的（包括国家级）拳击教练员，（见表 3.2）。考虑到拳击训练的实践性特征，本人多次深入国家拳击队的训练基地进行实地调研，观察拳击教练员的实际工作情形，了解其工作状况，从而为提炼关键的胜任力要素奠定认识基础。

表 3.2 行为事件访谈对象基本情况表

内容	工作环境	性别		执教时间（年）			文化水平			教练级别	
	国家队	男	女	10-15	15-20	20以上	中专	大专	本科	高级	国家级
人数	14	12	2	5	5	4	4	5	5	8	6

3.1.3.3 研究工具与材料

录音笔和 STAR 访谈提纲表。STAR 访谈提纲是关键事件技术中常用的辅助性访谈工具。关键事件技术从 S（Situation 情境）T（Task 任务）A（Action 行动）R（Result 结果）四个角度，通过详细访谈得出关键信息，从而为建立胜任力模型提供数据。采取 STAR 工具可以更好地挖掘出处理关键事件的具体行为细节，可详细地再现事件的原貌，特别是访谈对象在事件中担任的角色及行为表现，以及事件最终的结果等。本研究所采用中国拳击教练员胜任力特征的 STAR 访谈提纲（见表 3.3）。

表 3.3 行为事件访谈中的 STAR 工具表

指标	内容
情境(S)和任务(T)	1.请描述训练或者比赛时具体情境，当……？ 2.周围情形怎样？你为什么要这样做？ 3.处于怎样背景？ 4.你面临的主要任务是什么？ 5.为了达到什么样的目标？
反应(A)	1.你对当时情况反应？采取的具体行动？ 2.请描述你在整个事件中承担角色。 3.你当时首先做什么？在处理整个事件过程中，采取什么行动步骤？
结果(R)	1.事件结果是什么？ 2.结果是如何发生的？ 3.你从此事件中都得到体会是什么？

3.1.3.4 步骤

第一步，访谈前的准备工作。在正式实施访谈前对关键事件技术和内容分析的使用进行了模拟练习，目的在于熟悉关键事件技术，并能够准确地从访谈文本中记录并识别各种关键行为特征。

第二步，正式实施关键事件技术。根据访谈提纲要求被访谈的拳击教练员回忆他 / 她本人在指导训练和比赛的实践过程中印象最为深刻的 2-3 件成功事件，具体包括：这些情境是怎样引起的？牵涉到哪些人？被访谈者当时是怎么想的，感觉如何？在当时的情境中想要解决什么问题？实际是怎么做的？结果如何？每个被访谈者的访谈时间控制在 45-90 分钟之间，并对访谈内容全程录音。

第三步，将访谈录音转化为文字，并将行为事件编辑成访谈文本，并对文本进行内容分析和关键行为特征提取。编码由本人独自完成。

3.1.4 内容分析与胜任特征提取

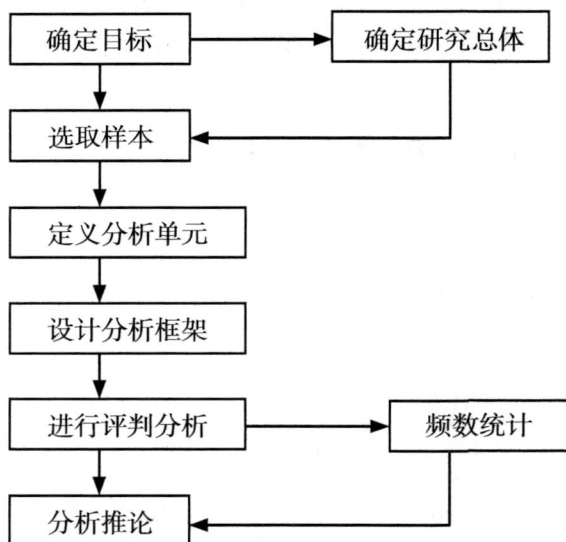

图 3.2 内容分析步骤

内容分析法是人文社会科学领域普遍使用的一种定性研究方法。美国著名的社会学家默顿（Robert King Merton.2007）认为，内容分析是一种考察社会现实的方法，在这种方法中，研究者通过对文献的显著性特征进行系统分析，得到与之相关潜在内容的行为特征的推论。内容分析法是以测量为目的，采用客观的、系统的、量化的方式研究分析具体行为的一种方法，它始于"二战"期间的军事情报研究，并在情报战中成效显著。当时的美国学者 H.D 拉斯维尔等人组织了一项名为"战时通讯研究"的工作，通过分析德国公开出版的报纸获取了许多军政机密情报。内容分析法实际上也是一种半定量研究方法，其基本做法是把媒介上的文字、非量化的有交流价值的信息转化为定量的数据，建立有意义的类目分解交流内容，并以此来分析信息的某些特征。内容分析法的具体过程是通过建立研究目标、确定研究总体、选取样本、定义分析单元，依据测量和量化的原则，将分析单元的资料内容分解为一系列项目的分析维度，抽取有代表性的行为特征转化数据形式，最后对数据进行评判和分析推论，其具体详细步骤如图 3.2 所示。

内容分析法基于其明确的目标对分析过程进行控制，严格按照事先安排的方法程序操作执行。内容分析法最大的特点是定量与定性的结合，这种结构化的分析方式使得结果便于量化与统计分析，以揭示文献中的隐性内容。它的优点也在于能对文献内容反映的"质"有更全面、深刻的认识，获得一般从定性分析中难以找到的联系和规律，从而得出符合事实的结论。内容分析法有着广泛的应用范围，冯远程指出"就研究材料的性质而言，它可适于文字记录与非文字记录形态类型的任何材料；就研究材料的来源而言，它既可以用于其他目的的许多现有材料（如广播、影视录像、笔记等），也可以为某一特定的研究目的而专门收集有关材料（如访谈记录、观察记录、句子完成测验等），然后再进行评判分析；就分析的侧重点讲，它既可以着重于材料的内容，也可以着重于材料的结构，或者对两者都予以分析"。

本研究通过对 14 名优秀拳击教练员进行行为事件访谈，获取了与其具体工作相关的 36 个关键事件，后续对该 36 个关键事件进行整理，编写拳击教练员关键事件访谈文本，然后对文本资料进行访谈内容分析。在通过对 36 名拳击教练员关键事件内容分析及其在处理关键事件行为时的表现所提炼出的胜任力指标，从而发现拳击教练员的外在行为表现与内在特质之间的关系，例如（见表 3.4）。

表 3.4 教练员外在行为与内在特质

外在行为	内在特质
与运动员沟通时使用一定的技巧，如倾听、回应等方式	沟通
既能指导运动员训练，又能帮助运动员学好文化知识	适应性
如何比同行做得更好对自己来说很重要	竞争
重视运动员感受、不伤害其自尊心、并给予更多的自主权	自我控制

通过对拳击教练员关键事件相应行为表现分析和讨论，从而使得拳击教练员的每个胜任特征含义都依据其相应关键行为而确定。因为拳击运动与其他体育运动项目相比具有特异性，因此需要对本研究之前所归纳的 48 项拳击教练员胜任特征要素进行了重新编码和命名。为保证本研究拳击教练员胜任力关键事件文本内容分析、编码提取工作的科学性，随机抽取了本研究的 16 个拳击教练员关键事件访谈文本，就胜任特征编码及提取情况请山东体育学院运动心理学教研室、运动训练学教研室的教授 2 人、副教授 2 人共四位老师进行鉴定，编码结果得到其肯定。此部分研究主要通过定性方法对访谈文本内容进行分析，通过记录胜任特征在文本中出现的相应位置，达到从访谈文本中提炼胜任特征的研究目的（见表 3.5）。

表 3.5　内容分析过程中胜任特征提取的操作实例

文本正文	编码
2013 年 11 月全运会结束后，国家队运动员退役了一大批，体育总局给各省下文将锦标赛的前三名运动员调到国家集训队来集训一个月，希望通过这次集训发现有培养前途的运动员调到国家队来。我当时负责 60-75 公斤级的中级别运动员训练，一个月集训后留下了 8 人，还要 12 名运动员要回地方省队，有一个运动员引起我和几个教练的注意，××省队的××，这个小孩很硬棒但是身高稍矮，大家都担心这个小孩走不远，发展潜力不大，我通过一个月的观察发现这个小孩很有灵性，打拳有内涵有想法（**专项经验**），如果经过系统的训练的话将来肯定能出来，由于他不属于我所带的级别，正好别的教练也没有留下他，我找他聊了一会（**沟通**），主要问他年龄和训练时间，这个小孩 19 岁，练了不到 5 年，我比较满意（**选材知识**）。问题来了，国家队没有编制了，留下的住宿需要总局训练局来协调，伙食补助需要××地方来负责。我先给中心领导做了汇报争取让他留下协调了住宿问题（**支持**），又给××省拳击队领带打电话给他说把××留在国家队了，××省队负责伙食补助（**协作**）。××省队的领队和教练很高兴啊，因为在省队他是拔尖的了，没人能陪得了他，留国家队对小孩的发展肯定好啊。在接下来的一年时间里，我的计划是针对主力队员的，没法单独给他做计划，但是我给他讲了要发挥他的特长加强中近距离的拼打，理解我安排训练课的目的，在这一年中给他安排了四次力量周期（**计划能力**），针对性地加强了他的上下肢力量，这个小子一年下来打法更硬了，训练也很刻苦，我经常在队会上表扬他（**激励**），由于我是顶着压力把他留在国家队的，××对我很感激，有什么心里话也都找我说（**沟通**），我也挺喜欢这个小孩的。因为马上要打世青赛了我队里够年龄的就他自己，我的压力是挺大的，一是当时大家都没看好他，二是跟我在国家队练了一年了也不知是个什么水平，我不能把压力带给他们（**自我控制**），不然他们的压力更大，训练中我都是说	编码说明： ZXJY-专项经验 GT-沟通 XCZS-选材知识 ZC-支持 XZ-协作 JHNL-计划能力 JL-激励 YXL-影响力 SBYF-伤病预防 SJXX-收集信息 ZSCX-战术创新 GZXJ-关注细节

文本正文	编码
他们都是最棒的，世青赛之前我们国内搞了一个选拔赛，××没有遇到对手一路过关斩将，××轻松地拿了选拔赛的冠军，我告诉他不要骄傲我们的路还很长。他拿了冠军后中心领导、国家队其他教练、××队的教练等都看好他，他是打世青赛的主力，回来后更听我的话了（**影响力**），我做的训练计划他都保质保量地完成，去土耳其的两周我们一直没有进行大强度的实战，（**计划能力**），一怕非战斗减员二是怕提前兴奋（**伤病预防**），到了土耳其我们休息了一天调整时差，我问他感觉怎样，他说状态良好（**沟通**），头两场比赛我们赢得比较轻松，半决赛是上一届的冠军，我把他的六场比赛的视频反复观看研究（**收集信息**），发现了对方不善于中近距离的进攻，我给××制定了先抢攻再粘着对方打中近距离的战术（**战术创新**），××很信任我，上场之后就用这个战术打，对方很不适应，完全发挥不了水平，打不出来，××越打越有士气，顺利战胜了对手，晋级决赛。当天晚上他很兴奋，当然我也兴奋，但是我们还没有拿冠军，我告诉他我们不能提前兴奋，我让他到我屋去睡觉，我把他手机给收了电视也关了，让他洗个澡就睡觉（**关注细节**）。第二天晚上我们顺利夺冠。拿到冠军后××给我深深地鞠了一躬，说谢谢我的栽培，他哭了，我也哭了，因为这也是我的价值体现（**成就动机**）。当升国旗领奖的时候我们整个教练组都激动的流泪了，我深知光靠我一个人的努力是远远不行的，没有整个团队作保障，我们根本走不到今天。（**团队意识**）	CJDJ- 成就动机 TDYS- 团队意识 ZWKZ- 自我控制 GT- 沟通 XCZS- 选材知识 ZC- 支持 XZ- 协作 JHNL- 计划能力 JL- 激励 YXL- 影响力 SBYF- 伤病预防 SJXX- 收集信息 ZSCX- 战术创新 GZXJ- 关注细节 CJDJ- 成就动机 TDYS- 团队意识 ZWKZ- 自我控制

对14名拳击教练员通过运用行为事件访谈得到关键事件进行内容分析后共得到32项与拳击教练员职业特征相关的胜任特征。根据邱均平（2005）研究以关键事件访谈文本内容统计分析中出现频次最多的胜任特征作为100%，而其他胜任特征与之相比所得到百分比27%为界限，选取百分比大于27%的作为关键胜任特征。据此对这32项胜任特征进行统计，选取百分比大于27%的25项胜任特征来作为初步构建的

中国拳击教练员胜任力理论模型的关键胜任特征（见表 3.6）。

表 3.6　拳击教练员胜任力访谈文本中出现频次

序号	胜任力	频次	%	序号	胜任力	频次	%
1	专项经验	32	100.00	15	临场指挥	21	65.62
2	选材知识	31	96.87	16	主动性	20	62.50
3	计划能力	30	93.75	17	技术诊断	19	59.37
4	创新能力	29	90.62	18	收集信息	18	56.25
5	成就动机	28	87.50	19	训练负荷监控	16	50.00
6	沟通	27	84.37	20	持续学习	15	46.87
7	执教理念	27	84.37	21	协作	5	46.87
8	解决问题	26	81.25	22	伤病预防	13	40.62
9	体能训练知识	25	78.12	23	影响力	11	34.37
10	团队意识	24	75.00	24	应变能力	11	34.37
11	自我控制	24	75.00	25	竞争性	10	31.25
12	责任心	23	71.87				
13	支持	22	68.75				
14	激励	22	68.75				

3.1.5 中国拳击教练员胜任力模型理论结构提出

表 3.7　专家对拳击教练员胜任力维度构成认可度频次分布

特性	很认可		比较认可		一般		比较不认可		很不认可	
	频次	%	频次	%	频次	%	频次	%	频次	%
合理性	9	40.90	10	45.45	3	13.65				

准确性	7	31.82	12	54.54	3	13.65		
全面性	6	27.28	9	40.90	5	22.74	2	9.08

　　本研究以胜任力研究的经典模型之一"冰山模型"空间要素为分类为参考，对由拳击教练员关键事件访谈内容分析所得到的其胜任特征的语意、内涵进行了分析，据此将拳击教练员25项相关的胜任特征归纳为六个维度，即中国拳击教练员胜任力模型在理论上由6个方面内容组成，其分别为"专业技能""专业知识""职业态度""个人特质""管理技能""人际关系"。为检验本研究所构建中国拳击教练员胜任力模型理论假设的合理性、全面性、准确性，本人请拳击国家级或高级教练员（12人）、国家体育总局拳跆管理中心管理者（3人）、体育院校拳击专业的教授或副教授（7人），共22位专家对所归纳的拳击教练员胜任特征维度进行评判。从调查数据可以看出，本研究关于中国拳击教练员胜任力维度划分的合理性、准确性、全面性得到了专家们的较高认可（结果见表3.7）。

　　在通过对行为事件内容分析所提炼出的25项胜任特征归类上，其中计划能力、技术诊断能力、关注细节、预防伤病、训练负荷控制、创新能力、收集信息、临场指挥胜任力特征归纳为专业技能维度；专项经验、体能训练知识、选材知识、持续学习胜任力特征归纳为专业知识维度；沟通、激励、影响力、解决问题归纳为管理技能维度；成就动机、自我控制、竞争性、应变力胜任力特征归为个人特质维度；支持、协作归纳为人际关系维度；主动性、责任心归纳为职业态度。本研究初步构建的中国拳击教练员胜任力理论模型结构维度及二级分类见表3.8。

表 3.8 拳击教练员胜任力模型理论结构

维度	胜任力素质
专业知识	选材知识 体能训练知识 专项经验 持续学习
专业技能	训练负荷控制 计划能力 临场指挥 创新能力 关注细节 技术诊断 收集信息 伤病预防
职业态度	责任心 主动性
管理技能	沟通 激励 团队合作 影响力 解决问题
个人特质	成就动机 自我控制 竞争性 应变力
人际关系	支持 协作

3.2 中国拳击教练员胜任力模型结构检验研究

3.2.1 中国拳击教练员胜任力初始问卷设计

为检测本研究构建的中国拳击教练员胜任力理论模型，要对此模型进行进一步的细化，因此将该胜任力模型编制成拳击教练员胜任力量表，以此收集相关数据，对该模型进行假设检验。因为中国拳击教练员胜任力理论模型中所包含的胜任特征无法直接用于测量拳击教练员胜任行为表现。因此，需要将抽象胜任特征操作化，制定测验指标，从而使得这些设计题项能够反映拳击教练员工作特点。

因为本研究所编制拳击教练员胜任力量表属于多维度量表，因此参考国内外著名学者对多维度量表开发过程及建议。依据 Hinkin.T.K（1998）指出的胜任力量表开发设计的测验指标项目可从相应经历、经验的行为主体或相关文献两方面获取这一研究思路，根据关键事件访谈文本内容分析、胜任力词典中成熟测验项目及中国国内已有的胜任力量表中一些项目，选择编写《拳击教练员胜任力问卷》的初始测验项目共95项。邀请中国国家体育总局拳击跆拳道运动管理中心的管理者，运动训练学、运动心理学专家与教授对测验题项进行评价、筛选。依据专家、学者意见修订测验题项，使题项的表述清晰、准确接近现实的执教情景。

在此基础上,初步编制了《拳击教练员胜任力测量问卷(自评式)》,共保留 71 个题目(见表 3.9),分属 6 个维度 25 项胜任特征。然后将 71 个题目随机编制成半封闭式的《拳击教练员胜任力测量问卷(自评式)》。调查问卷第一部分为拳击教练员被调查者基本情况;第二部分为封闭式的拳击教练员胜任力特征行为描述量表;量表测验题项采用 Likert 量表 5 级评分法(详见附录 D)。

表 3.9   拳击教练员胜任力评价量表题目来源及修订情况

序号	题目	条目来源
1	鼓励运动员表达其思想、见解、情感,引导进行交流	徐建平,2004
2	指导运动员训练、比赛这项具有挑战性工作最能吸引我	邱芬,2008
3	在训练中,积极使用新训练理念、手段与方法	陈小蓉,1994
4	与运动员相处能通过自身人格魅力使运动员服从安排和管理	徐建平,2004
5	待运动员如自己孩子	自设
6	注意训练方法、计划等细节之处,对不同运动员的训练方法、手段、量和负荷等都做严格的要求和规定	邱芬,2008
7	要求运动员在训练、比赛中关注技术动作的细节	尹碧昌,2011
8	处理问题时注意细小的环节,顾及他人的处境和心理感受	张长城,2011
9	采用按摩法、营养法、或心理疗法帮运动员消除运动疲劳	自设
10	制定详细的周、课训练计划使运动员取得良好的训练效果	自设
11	对运动员在训练、比赛中出现的问题能准确判断并解决	邱芬,2008
12	经常对运动员拳击技术动作进行恰当的讲解与分析	自设
13	积极关注当今世界拳击运动的发展趋势	自设

序号	题目	条目来源
14	与运动员沟通时使用一定的技巧，如倾听、回应等方式	徐建平，2004
15	能对前人和自己的训练比赛经验进行总结并提出新的见解	李欣，2012
16	了解拳击最新技术信息	自设
17	营造愉快训练氛围，能让运动员享受拳击训练的快乐	自设
18	在与运动队成员相处中所体现出个人魅力使得他人能够服从安排和管理	徐建平，2004
19	将运动员所犯一般错误看作其成长中的正常现象来客观看待	自设
20	设置恰当物质、精神奖励，激发运动员参与训练和比赛的动机	自设
21	给每个运动员都设计了一套完整且具针对性的训练计划	邱芬，2008
22	喜欢在这种充满挑战和竞争对手的环境中工作	尹碧昌，2011
23	有较好的运动员经历，熟悉不同的训练和比赛环境	自设
24	能将科学选材知识与自身经验选材相结合选拔运动员	邱芬，2008
25	积极参加各种培训，积累了丰富的拳击训练理论和实践知识	自设
26	关注运动员训练过中身心反应，合理调整训练量和训练强度	邱芬，2008
27	在运动员成长中，做到各方面细心周到，使其养成好习惯	自设
28	自身积累了一系列发展运动员专项体能的先进手段、方法	自设
29	发展拳击运动员速度、力量、耐力等素质的生理机理很了解	自设
30	当遇到自己不能解决的问题时，常常会焦虑不安	仲理峰，2002

序号	题目	条目来源
31	清楚个人力量有限,渴望通过团队力量来更好完成任务	徐建平,2004
32	经常了解所带运动员一些训练以外的事情,帮助其解决生活和学习问题	自设
33	根据场上变化进行战术决策,善于观察、分析、思考,及时调整技战术	尹碧昌,2011
34	通常对训练、比赛中可能出现的问题做多种解决方案	邱芬,2008
35	关心并帮助运动员谋划现役及退役后的长远规划	自设
36	设身处地为运动员着想,使其能主动、积极地投入训练和比赛	徐建平,2004
37	把提高运动员成绩与保持运动员健康看的同等重要	邱芬,2008
38	能对运动员拳击技术动作做出科学诊断,及时纠正错误动作	自设
39	能做到赛前技战术安排计划性与比赛时指挥灵活应变性	邱芬,2008
40	主动钻研或请教,不断提高对拳击运动规律和特性的认识	自设
41	亲自去训练场、比赛现场了解对手状况及技战术优缺点	自设
42	既能指导运动员训练,又能帮助运动员学好文化知识	自设
43	通过通信方式向相关专业人士征求意见	李欣,2012
44	每次训练能给运动员适宜训练负荷,处理好负荷与恢复关系	尹碧昌,2011
45	自己在训练工作中的无偿付出不做过多计较	张长城,2011
46	对拳击运动员选材科学指标体系很了解,并能运用到实践中	自设
47	能与上级领导建立融洽的人脉关系	自设
48	遇到重要问题广泛听取团队成员的意见和建议	仲理峰,2002
49	具有良好的公关能力	自设

序号	题目	条目来源
50	认真做好准备活动，科学安排训练顺序，预防伤病发生	邱芬，2008
51	可以从其他省市获得具有发展潜力的拳击运动员青少年队员	自设
52	大负荷训练后都能使用科学手段掌控运动员训练反应	自设
53	分解任务，简化问题，按重要性区分完成的优先次序	仲理峰，2002
54	重视运动员感受，不伤害其自尊心，并给予更多的自主权	自设
55	认真对待训练工作中的每件事	张长城，2011
56	将运动队各个工作人员视为重要合作伙伴，寻求合作与帮助	仲理峰，2002
57	如何比同行做得更好对自己来说很重要	仲理峰，2002
58	宏观考虑训练工作中遇到的问题，归纳、总结其中关系和模式	邱芬，2008
59	经常给运动员讲解运动损伤预防知识，克服麻痹思想	自设
60	能熟练制定运动训练周期性计划，保证训练、比赛的科学性	尹碧昌，2011
61	充分激发运动员，建立融洽的气氛，带领运动员共同前进	自设
62	比赛时能保持清醒的头脑	邱芬，2008
63	为成功完成训练工作而保持高度的热情和付出额外的努力	自设
64	视培养优秀拳击运动员和推动中国拳击运动的发展为己任	自设
65	运用现代多媒体技术进行收集训练、比赛等信息进行分析	徐建平，2004
66	有一套个人收集信息的方式、方法，如通过与队员聊天	自设

序号	题目	条目来源
67	训练、管理、比赛中遇到困难，不放弃，主动寻求解决方法	自设
68	可以在训练经费保障、运动员安置等方面能获得支持	自设
69	与许多省市拳击队有着良好联系和交流	自设
70	理解运动员的情绪和感觉，同时也能得到运动员的理解	邱芬，2008
71	与运动员发生矛盾或处理突发事件时，能保持沉着、冷静，能适时控制自身言行	徐波，2008

3.2.2 被试样本描述

研究以不记名方式，在全运会拳击比赛、全国拳击锦标赛暨奥运会选拔赛、全国青年拳击锦标赛以及在中国国家体育总局举办的拳击教练员培训班发放调查问卷。共发放调查问卷 176 份，回收 140 份，回收率为 79.5%；有效问卷 121 份，有效率为 86.43%，被调查样本的基本情况（见表 3.10）。用 SPSS17.0 统计软件对所回收的有效调查问卷进行统计分析。在对被调查人员第一部分基本情况进行描述性统计的基础上，研究重点放在探索性因素分析上。

表 3.10   问卷被试样本描述性统计（N=121）

项目		人数	有效百分比	累计百分
执教岗位	基层教练	68	56.20	56.2
	专业队教练	53	43.80	100.0
性别	男	93	76.86	76.86
	女	28	23.14	100.0

项目		人数	有效百分比	累计百分
年龄	30 岁以下	23	19.00	19.00
	30-40 岁	42	34.71	53.71
	40-50 岁	41	33.89	87.60
	50 岁以上	15	12.40	100.0
执教年限	5 年以下	20	16.53	16.53
	5-10 年	46	38.02	54.55
	10-15 年	43	35.54	89.09
	15 年以上	12	9.91	100.0
学历	中专	12	9.91	9.91
	大专	57	47.12	57.03
	本科及以上	52	42.97	100.0
教练级别	初级	28	23.14	23.14
	中级	55	45.45	68.59
	高级	30	24.79	93.38
	国家级	8	6.62	100.0

3.2.3 项目分析

在量表测验后对量表中所涉及各题项进行分析是修正量表的关键环节。旨在通过定性分析和定量分析两方面检验所测量胜任特征的区分度，也就是测量项目的效度。定性分析主要分析测验题项内容和形式恰当与否，而定量分析主要分析是对项目区分度进行甄别。本研究测量题项来自胜任力词典中成熟的行为指标、本研究访谈文本内容分析、前人研究题项，问卷初稿形成后又采取拳击运动管理者、运动训练学及运动心理学专家评价等方法来保证测量题项内容和形式得当。

吴明隆（2010）认为在项目分析的判别指标中，最常用的方法为临界比值法，其根据测验总分进行高低分组后，再求高、低两组在每一题项平均数差异显著性，主要目的在于求出调查问卷中各题项的决断值—CR值。阮桂海、蔡建平、刘爱玉（2005）认为相关法主是求某一测验题项分数与该测验总分之间的相关关系，如果题项与总分相关度高，说明题项与总量表同质性越高，表明所要测量心理特质或潜在行为更为接近，反之则表明同质性较低，应予以考虑删除。

一、高、低组别统计描述。先计算121名被试者初始问卷测验题项总分，后按从低分到高分的顺序排列，得分在前27%者为低分组，得分在后27%者为高分组。每题项高、低分组统计量见表3.11。

表 3.11　高、低组别描述统计量

题项	组别	个数	平均数	标准差	平均数的标准误	题项	组别	个数	平均数	标准差	平均数的标准误
Q1	1	32	4.906	0.296	0.052	Q37	1	32	4.188	0.780	0.138
	2	32	3.844	0.766	0.136		2	32	3.000	0.842	0.149
Q2	1	32	4.563	0.619	0.109	Q38	1	32	4.750	0.440	0.078
	2	32	3.531	0.842	0.149		2	32	4.156	0.628	0.111
Q3	1	32	4.656	0.483	0.085	Q39	1	32	4.813	0.397	0.070
	2	32	4.094	0.588	0.104		2	32	4.219	0.491	0.087
Q4	1	32	4.969	0.177	0.031	Q40	1	32	4.781	0.420	0.074
	2	32	4.063	0.716	0.127		2	32	3.781	0.659	0.116
Q5	1	32	4.838	0.504	0.089	Q41	1	32	4.813	0.397	0.070
	2	32	4.500	0.622	0.127		2	32	4.188	0.644	0.114
Q6	1	32	4.781	0.420	0.074	Q42	1	32	4.156	0.847	0.150
	2	32	4.250	0.622	0.110		2	32	3.281	0.729	0.129
Q7	1	32	4.656	0.483	0.085	Q43	1	32	4.406	0.911	0.161
	2	32	4.188	0.693	0.123		2	32	3.625	0.660	0.117

题项	组别	个数	平均数	标准差	平均数的标准误	题项	组别	个数	平均数	标准差	平均数的标准误
Q8	1	32	4.344	1.096	0.194	Q44	1	32	4.500	0.568	0.100
	2	32	3.906	0.777	0.137		2	32	4.156	0.515	0.091
Q9	1	32	4.781	0.420	0.074	Q45	1	32	4.188	0.780	0.138
	2	32	4.281	0.457	0.081		2	32	3.031	0.861	0.152
Q10	1	32	4.844	0.369	0.065	Q46	1	32	4.563	0.564	0.100
	2	32	4.344	0.545	0.096		2	32	3.594	0.712	0.126
Q11	1	32	4.688	0.471	0.083	Q47	1	32	4.500	0.568	0.100
	2	32	3.719	0.643	0.112		2	32	3.406	0.837	0.148
Q12	1	32	4.781	0.420	0.074	Q48	1	32	4.500	0.622	0.110
	2	32	4.281	0.457	0.081		2	32	3.406	0.665	0.118
Q13	1	32	4.813	0.397	0.070	Q49	1	32	4.531	0.950	0.168
	2	32	3.781	0.553	0.098		2	32	3.563	0.948	0.168
Q14	1	32	4.969	0.177	0.031	Q50	1	32	4.750	0.440	0.078
	2	32	4.156	0.723	0.128		2	32	4.375	0.554	0.098
Q15	1	32	4.781	0.420	0.074	Q51	1	32	4.438	0.504	0.089
	2	32	4.406	0.615	0.109		2	32	3.438	0.716	0.127
Q16	1	32	4.469	0.842	0.149	Q52	1	32	4.656	0.483	0.085
	2	32	3.813	0.859	0.152		2	32	4.281	0.523	0.092
Q17	1	32	4.594	0.615	0.109	Q53	1	32	3.969	1.121	0.198
	2	32	3.469	0.803	0.142		2	32	3.188	0.931	0.165
Q18	1	32	4.906	0.296	0.052	Q54	1	32	3.781	0.941	0.166
	2	32	4.031	0.740	0.131		2	32	2.969	0.782	0.138
Q19	1	32	4.969	0.177	0.031	Q55	1	32	4.094	1.228	0.217
	2	32	4.000	0.762	0.135		2	32	3.250	0.950	0.168

中国拳击教练员胜任力模型构建与实证研究

续表

题项	组别	个数	平均数	标准差	平均数的标准误	题项	组别	个数	平均数	标准差	平均数的标准误
Q20	1	32	4.906	0.296	0.052	Q56	1	32	4.281	0.729	0.129
	2	32	4.063	0.759	0.134		2	32	2.938	0.716	0.127
Q21	1	32	4.813	0.397	0.070	Q57	1	32	4.688	0.471	0.083
	2	32	4.375	0.554	0.098		2	32	3.688	0.780	0.138
Q22	1	32	4.531	0.621	0.110	Q58	1	32	4.875	0.336	0.059
	2	32	3.406	0.798	0.141		2	32	3.969	0.740	0.131
Q23	1	32	4.781	0.420	0.074	Q59	1	32	4.781	0.420	0.074
	2	32	3.781	0.553	0.098		2	32	4.281	0.523	0.092
Q24	1	32	4.563	0.564	0.100	Q60	1	32	4.719	0.457	0.081
	2	32	3.531	0.671	0.119		2	32	4.250	0.672	0.119
Q25	1	32	4.813	0.397	0.070	Q61	1	32	4.469	0.621	0.110
	2	32	3.781	0.553	0.098		2	32	3.125	0.751	0.133
Q26	1	32	4.656	0.483	0.085	Q62	1	32	3.969	1.062	0.188
	2	32	4.281	0.457	0.081		2	32	2.969	0.897	0.159
Q27	1	32	4.781	0.420	0.074	Q63	1	32	4.281	0.772	0.136
	2	32	4.281	0.581	0.103		2	32	3.125	0.907	0.160
Q28	1	32	4.688	0.535	0.095	Q64	1	32	4.563	0.878	0.155
	2	32	3.656	0.701	0.124		2	32	3.313	0.931	0.165
Q29	1	32	4.750	0.440	0.078	Q65	1	32	4.656	0.602	0.106
	2	32	3.719	0.772	0.136		2	32	4.063	0.669	0.118
Q30	1	32	4.500	1.047	0.185	Q66	1	32	4.625	0.609	0.108
	2	32	3.344	0.971	0.172		2	32	4.000	0.568	0.100
Q31	1	32	4.563	0.564	0.100	Q67	1	32	4.281	0.772	0.136
	2	32	3.563	0.716	0.127		2	32	3.063	0.914	0.162

88

续表

题项	组别	个数	平均数	标准差	平均数的标准误	题项	组别	个数	平均数	标准差	平均数的标准误
Q32	1	32	4.531	0.718	0.127	Q68	1	32	4.438	0.619	0.109
	2	32	3.125	0.833	0.147		2	32	3.219	0.751	0.133
Q33	1	32	4.781	0.420	0.074	Q69	1	32	4.594	0.560	0.099
	2	32	4.000	0.803	0.142		2	32	3.438	0.801	0.142
Q34	1	32	4.938	0.246	0.043	Q70	1	32	4.875	0.336	0.059
	2	32	3.875	0.793	0.140		2	32	3.844	0.808	0.143
Q35	1	32	4.438	0.759	0.134	Q71	1	32	4.656	0.483	0.085
	2	32	3.094	0.777	0.137		2	32	3.531	0.761	0.135
Q36	1	32	4.969	0.177	0.031						
	2	32	4.094	0.777	0.137						

注：1 表示高分组，2 表示低分组

二、考察各测验题项 CR 值。用独立样本 T 检验法求高、低两组被试样本各题目平均数差异，以检验两组在各题项上差异显著性，后根据平均数差异显著性，将 T 检验未达到显著性题项予以删除。数据统计显示，拳击教练员胜任特征初始问卷 71 道题目均达到高度差异显著性（P<0.01）。

三、相关法。采用 Pearson 相关计算各测验题项得分与量表总分之间的相关，如果相关系数在 0.298-0.855 间，并且均具有显著性（P<0.01），根据伊贝尔提出的项目区分度得分在 0.30 以下应予以删除的评价标准。表 3.12 统计显示，题项 Q5 的 pearson 相关系数为 0.115，题项 Q8 的 pearson 相关系数为 0.204，题项 Q16 的相关系数为 0.228，所以将该三项删除。其余题均在 0.3 以上且显著。由表 3.12 可见，除题项 Q5、Q8、Q16 以外，初始问卷其余各题项均与总体调查间存在着同质性。

表 3.12　每个题项得分与量表总分的相关系数（N=121）

题项	相关系数	题目	相关系数	题项	相关系数	题目	相关系数
Q1	0.660*	Q19	0.653*	Q37	0.544*	Q55	0.343*
Q2	0.528*	Q20	0.600*	Q38	0.513*	Q56	0.592*
Q3	0.410*	Q21	0.395*	Q39	0.458*	Q57	0.576*
Q4	0.669*	Q22	0.561*	Q40	0.675*	Q58	0.548*
Q5	0.115	Q23	0.676*	Q41	0.524*	Q59	0.386*
Q6	0.497*	Q24	0.620*	Q42	0.494*	Q60	0.410*
Q7	0.403*	Q25	0.668*	Q43	0.419*	Q61	0.621*
Q8	0.204	Q26	0.333*	Q44	0.322*	Q62	0.430*
Q9	0.394*	Q27	0.379*	Q45	0.503*	Q63	0.510*
Q10	0.435	Q28	0.647*	Q46	0.527*	Q64	0.567*
Q11	0.639*	Q29	0.615*	Q47	0.573*	Q65	0.392*
Q12	0.402*	Q30	0.516*	Q48	0.573*	Q66	0.446*
Q13	0.687*	Q31	0.560*	Q49	0.471*	Q67	0.500*
Q14	0.606*	Q32	0.537*	Q50	0.362*	Q68	0.581*
Q15	0.404*	Q33	0.473*	Q51	0.553*	Q69	0.582*
Q16	0.228	Q34	0.671*	Q52	0.331*	Q70	0.655*
Q17	0.555*	Q35	0.531*	Q53	0.327*	Q71	0.638*
Q18	0.637*	Q36	0.606*	Q54	0.396*		

注：相关系数为 Pearson 相关系数，* 表示在 0.01 的显著水平下显著。

初试问卷测试完之后，通过初试问卷项目分析、效度检验、信度检验，以此来作为编制正式问卷的客观依据。项目分析在于检验量表与个别测验题项之间可靠程度。通过对初试 71 个题项项目分析后，其结果表明：多数题项都能达到本研究所要求的区分效度。而题项 Q5、Q8、

Q16 与总分相关系数较低，根据筛选标准予以删除。薛薇（2004）相关研究的经验表明，项目分析时，各项目区分度指标仅仅只能供参考之用，为了保证研究科学性、严谨性，还应参考探索性因素分析结果。

3.2.4 中国拳击教练员胜任力模型构建探索性因素分析

3.2.4.1 因素分析适合性检验

表 3.13　KMO 与 Bartlett 检验

KMO 取样适当性量度		.807
Bartlett 球形检验	近似卡方分布（X^2）	9537
	自由度（df）	2278
	显著性（sig.)	0.000

利用 SPSS 统计软件对拳击教练员胜任力初始问卷的统计数据进行 KMO 检验和 Bartlett 球形检验，其检验结果见表 3.13。从 KMO 检验的结果可以看出，拳击教练员胜任力初始问卷各题项的 KMO 值为 0.807，按照 KMO>0.8，非常适合进行因素分析的标准，说明本研究数据适合进行因素分析。Bartlett 球形检验的 X^2 值为 9537（自由度为 2278），其显著性为 0.000，达到显著水平。因此，Bartlett 球形检验零假设被拒绝，表明所有的题项间并非独立，得到数据适合进行因素分析。

3.2.4.2 探索性因素分析

对初始调查问卷的有效数据进行探索性因素分析，则采用主成分分析法进行因素提取，并采用正交方差极大法进行因素旋转。依据 Kaiser 准则，取特征值大于 1 的作为取舍因素标准。综合考虑问卷各题项共同度和因素负荷大小，抽取其共同度较大及因素负荷较高的题项，并辅以碎石图来确定因素的数量。本研究通过 SPSS17.0 统计软件进行上述操作完成探索性因素分析，并选取特征值大于 1 的因素，总共提取了 10 个因素，累计方差解率为 76.704%，其结果见表 3.14、表 3.15、图 3.3。

表 3.14　解释总变异量

项目	初始特征值			因子载荷			旋转因子载荷		
	总和	方差的 %	累计 %	总和	方差的 %	累计 %	总和	方差的 %	累计 %
1	19.600	28.823	28.823	19.600	28.823	28.823	13.351	19.635	19.635
2	12.654	18.609	47.432	12.654	18.609	47.432	8.563	12.593	32.228
3	6.142	9.032	56.464	6.142	9.032	56.464	7.613	11.196	43.424
4	3.625	5.332	61.796	3.625	5.332	61.796	6.085	8.948	52.372
5	2.648	3.894	65.690	2.648	3.894	65.690	5.565	8.184	60.555
6	2.440	3.588	69.278	2.440	3.588	69.278	5.465	8.036	68.592
7	1.446	2.127	71.405	1.446	2.127	71.405	1.658	2.438	71.029
8	1.319	1.940	73.345	1.319	1.940	73.345	1.433	2.107	73.136
9	1.187	1.746	75.091	1.187	1.746	75.091	1.281	1.884	75.020
10	1.097	1.613	76.704	1.097	1.613	76.704	1.146	1.685	76.704
11	1.000	1.470	78.175						
12	.927	1.363	79.538						
13	.839	1.234	80.772						
14	.821	1.207	81.979						
15	.764	1.123	83.102						
16	.717	1.055	84.157						
17	.669	.984	85.140						
18	.643	.946	86.086						
19	.574	.844	86.930						
20	.525	.771	87.702						
21	.506	.744	88.446						
22	.459	.674	89.120						
23	.456	.670	89.790						
24	.436	.641	90.431						
25	.402	.591	91.022						

项目	初始特征值			因子载荷			旋转因子载荷		
	总和	方差的 %	累计 %	总和	方差的 %	累计 %	总和	方差的 %	累计 %
26	.389	.572	91.594						
27	.376	.553	92.147						
28	.359	.528	92.675						
29	.326	.479	93.154						
30	.305	.449	93.603						
31	.301	.443	94.046						
32	.281	.414	94.459						
33	.264	.388	94.848						
34	.250	.368	95.216						
35	.231	.340	95.556						
36	.222	.326	95.882						
37	.219	.322	96.205						
38	.212	.312	96.517						
39	.200	.295	96.811						
40	.190	.280	97.091						
41	.175	.258	97.349						
42	.167	.245	97.595						
43	.154	.226	97.820						
44	.144	.212	98.032						
45	.133	.195	98.227						
46	.118	.173	98.400						
47	.110	.162	98.562						
48	.100	.147	98.709						
49	.094	.138	98.846						

项目	初始特征值			因子载荷			旋转因子载荷		
	总和	方差的 %	累计 %	总和	方差的 %	累计 %	总和	方差的 %	累计 %
50	.087	.127	98.973						
51	.083	.123	99.096						
52	.076	.112	99.208						
53	.070	.103	99.311						
54	.065	.095	99.407						
55	.056	.082	99.489						
56	.051	.076	99.564						
57	.046	.068	99.632						
58	.039	.058	99.690						
59	.034	.050	99.740						
60	.033	.048	99.788						
61	.030	.044	99.832						
62	.026	.039	99.871						
63	.024	.036	99.907						
64	.019	.028	99.935						
65	.015	.023	99.957						
66	.014	.021	99.978						
67	.010	.014	99.992						
68	.005	.008	100.000						

提取方法：主成分分析；旋转方法：最大变异法（Varimax）

表 3.15 旋转后的成分矩阵

	成分									
	1	2	3	4	5	6	7	8	9	10
Q44	.823	-.056	.013	.032	-.048	-.047	-.013	-.170	.006	-.006
Q52	.734	-.031	-.031	.134	-.015	-.045	.000	-.132	-.071	-.137
Q26	.795	-.108	-.047	.040	.056	.034	-.055	-.029	-.049	-.045
Q10	.825	-.015	.069	.036	.056	.011	.075	-.099	.361	.062
Q21	.818	-.039	.032	-.009	.039	.072	.046	-.165	.334	.016
Q60	.832	.012	.081	.041	-.014	-.056	-.054	.135	.063	.195
Q33	.649	.175	.111	-.052	.032	.113	-.104	.419	-.004	.161
Q39	.875	.025	.092	.031	.035	-.044	.015	.101	.064	-.136
Q3	.745	.063	-.016	.092	.051	-.001	.026	-.093	.044	-.201
Q15	.687	.024	.182	-.019	.086	-.079	.104	-.060	.386	.032
Q6	.824	.074	.097	.036	.050	.066	.088	-.156	.338	.037
Q7	.760	.004	.107	.097	-.062	-.050	-.040	.261	.007	.250
Q27	.747	-.044	.101	-.050	.097	-.068	-.026	.402	-.081	.086
Q12	.799	.007	.134	.030	-.009	-.079	.010	.097	-.021	-.270
Q38	.836	.106	-.021	.084	.053	.113	.138	-.082	-.095	.092
Q41	.800	.133	-.013	.092	.067	.125	.194	-.114	-.074	.053
Q65	.731	.063	.045	-.054	.120	-.039	-.034	.151	-.112	-.044
Q66	.784	.197	-.036	.000	.081	-.008	-.096	-.024	-.078	-.171
Q9	.825	-.012	-.011	-.130	.088	.094	-.009	.160	-.187	.020
Q50	.800	-.022	.009	-.149	.101	.042	-.009	.120	-.159	.249
Q59	.828	-.006	-.006	-.080	.023	.042	.006	.245	-.080	.025
Q14	-.006	.846	.259	.198	.103	.024	-.013	.086	-.001	-.050
Q36	-.007	.835	.277	.135	.132	.080	-.072	.076	.026	-.022
Q70	.029	.714	.326	.237	.169	.102	.007	-.018	-6.772E-5	-.044
Q1	.028	.808	.318	.171	.130	.157	.046	-.112	.006	-.037
Q20	.002	.814	.228	.151	.166	.060	-.031	.092	-.082	.025

	成分									
	1	2	3	4	5	6	7	8	9	10
Q4	.084	.838	.273	.247	.097	.063	-.012	-.028	-.009	.107
Q18	.033	.830	.294	.216	.072	.083	-.015	.007	-.003	.083
Q19	.054	.818	.341	.168	.086	.093	.012	.026	.004	.033
Q34	.021	.751	.326	.347	.096	.064	.092	-.005	-.074	.022
Q58	.059	.710	.237	.233	.051	-.045	.127	.161	-.046	-.116
Q30	.073	.361	.167	.344	.028	.183	.241	.348	.125	.197
Q46	.111	.262	.741	.135	.093	-.052	-.101	-.007	.037	.144
Q24	.109	.266	.791	.217	.115	.025	-.087	-.011	-.008	.064
Q28	.041	.310	.840	.147	.171	.069	.022	.066	.040	.011
Q29	.055	.277	.863	.110	.121	.059	.071	.045	-.035	-.012
Q13	.026	.373	.834	.157	.137	.165	.046	-.024	-.019	-.014
Q25	.086	.303	.825	.125	.114	.175	.116	-.012	-.038	-.036
Q11	.035	.319	.839	.142	.160	.070	.041	-.013	.035	-.061
Q23	.035	.346	.854	.152	.133	.150	.009	-.025	-.052	.002
Q40	.033	.330	.770	.237	.139	.145	.079	.031	.016	-.052
Q2	.015	.381	.178	.733	-.014	.031	-.127	.059	.011	-.125
Q64	.003	.302	.170	.761	.047	.135	.054	.029	.190	-.058
Q54	-.026	-.047	.241	.709	.072	.037	.078	.206	-.164	.111
Q71	.123	.331	.146	.778	.107	.146	.039	-.149	-.009	.105
Q22	.052	.268	.170	.785	.129	.036	.037	-.060	-.070	.017
Q57	-.016	.340	.292	.742	.053	.045	.022	-.047	-.030	.051
Q17	.009	.324	.136	.768	.081	.100	-.050	.026	-.084	.053
Q42	-.012	.183	.047	.719	.187	.120	.129	.052	.038	-.159
Q47	.132	.203	.149	-.039	.808	.233	-.034	-.002	-.064	.058
Q68	.045	.140	.134	.066	.837	.258	.042	.106	-.045	-.110
Q51	.114	.139	.098	.018	.825	.217	.065	.003	-.123	-.184
Q61	.183	.111	.141	.079	.738	.286	.193	.134	.066	-.063

续表

	成分									
	1	2	3	4	5	6	7	8	9	10
Q69	.051	.179	.211	.085	.772	.213	.035	.006	.058	.132
Q31	-.003	.123	.193	.310	.755	.139	-.037	-.162	-.011	.287
Q48	.051	.086	.209	.334	.648	.201	-.037	-.099	.073	.406
Q56	.126	.048	.168	.196	.646	.348	-.065	.110	.134	-.320
Q35	.035	.086	.104	.069	.265	.788	.149	.137	-.025	.033
Q37	.024	.003	.084	.157	.256	.883	.131	.016	.034	-.082
Q63	-.015	.085	.133	.100	.154	.881	.035	.018	-.010	.092
Q32	.042	.170	.109	-.027	.295	.767	.179	.064	-.087	.075
Q45	-.046	.100	.032	.157	.294	.811	.007	-.089	-.046	-.145
Q67	-.045	.077	.121	.098	.188	.887	.030	-.011	-.010	.048
Q53	.045	-.044	.049	.288	.121	.256	.688	-.060	-.085	-.152
Q55	.102	.111	.067	-.031	.074	.322	.763	.099	.158	.096
Q43	.317	.260	-.080	.130	.110	.144	.023	.545	.038	-.130
Q49	.062	.292	.127	.343	.107	.260	-.049	-.090	-.554	-.012
Q62	.082	.092	.000	.281	.330	.368	-.416	.170	.358	-.516

Scree Plot

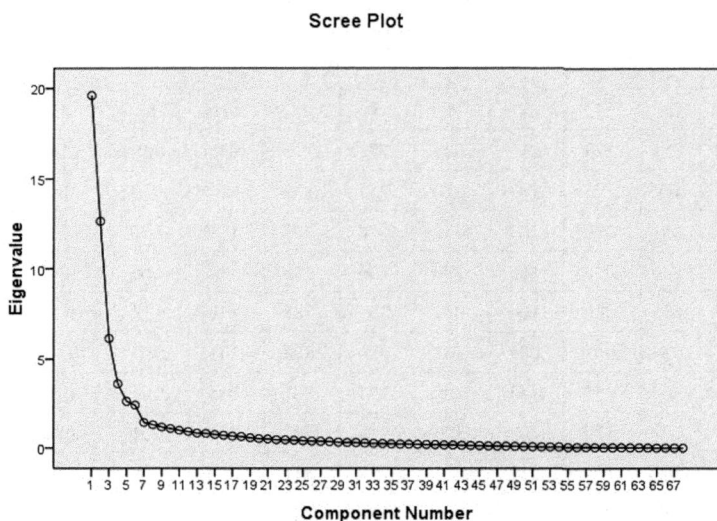

图 3.3 因素碎石图

本研究根据以往研究者编制问卷经验，要求每个因素最好包含 3 个以上的题项，否则将无法辨别其所代表性的"共同因素"，将造成内容效度不够严谨。从表 3.13 可以看出，因素 7、因素 8、因素 9 和因素 10 最多含有 2 个题项对其具有主要贡献，难确定这四个因素具体代表什么，所以删除这四个因素下相应的题项 Q53、Q55、Q43、Q49、Q62。考虑到删除量表题项以后，整个因素结构会有改变，因此需要进行第二次探索性因素分析，第二次探索性因素分析后删除了题项 Q30。最终，在整个探索性因素分析过程中总共删除了 6 个题项。按照此前操作，再对剩余 62 项题目进行第三次探索性因素分析，得出结果如表3.16、表 3.17、表 3.18、图 3.4 所示。

表 3.16　KMO 与 Bartlett 检验

KMO 取样适当性量度		.837
Bartlett 球形检验	近似卡方分布（X^2）	9096
	自由度（df）	1891
	显著性（sig.）	0.000

表 3.17　解释总变异量

项目	初始特征值			因子载荷			旋转因子载荷		
	总和	方差的 %	累计 %	总和	方差的 %	累计 %	总和	方差的 %	总和
1	18.708	30.174	30.174	18.708	30.174	30.174	13.264	21.393	21.393
2	12.563	20.263	50.437	12.563	20.263	50.437	8.308	13.399	34.793
3	5.892	9.502	59.940	5.892	9.502	59.940	7.470	12.048	46.841
4	3.461	5.582	65.521	3.461	5.582	65.521	5.740	9.258	56.099
5	2.563	4.134	69.655	2.563	4.134	69.655	5.393	8.698	64.797
6	2.259	3.644	73.299	2.259	3.644	73.299	5.156	8.316	73.113
7	0.983	2.070	75.368						
8	0.948	1.707	77.075						
9	.925	1.540	78.615						
10	.912	1.472	80.087						
11	.897	1.447	81.534						
12	.713	1.150	82.684						
13	.661	1.066	83.751						
14	.641	1.034	84.785						
15	.599	.966	85.750						
16	.538	.868	86.618						
17	.518	.835	87.454						
18	.502	.809	88.263						

项目	初始特征值			因子载荷			旋转因子载荷		
	总和	方差的%	累计%	总和	方差的%	累计%	总和	方差的%	总和
19	.463	.746	89.009						
20	.429	.692	89.701						
21	.420	.677	90.379						
22	.387	.624	91.002						
23	.377	.608	91.610						
24	.368	.593	92.203						
25	.346	.558	92.761						
26	.331	.534	93.295						
27	.305	.491	93.786						
28	.288	.464	94.251						
29	.250	.403	94.654						
30	.241	.389	95.043						
31	.237	.381	95.425						
32	.229	.369	95.794						
33	.219	.354	96.147						
34	.212	.342	96.489						
35	.188	.303	96.792						
36	.175	.282	97.075						
37	.163	.263	97.338						
38	.158	.254	97.592						
39	.147	.238	97.830						
40	.126	.203	98.033						
41	.117	.190	98.223						
42	.116	.187	98.410						
43	.104	.168	98.578						
44	.098	.159	98.737						

项目	初始特征值			因子载荷			旋转因子载荷		
	总和	方差的 %	累计 %	总和	方差的 %	累计 %	总和	方差的 %	总和
45	.090	.145	98.882						
46	.087	.140	99.022						
47	.075	.121	99.143						
48	.072	.115	99.258						
49	.060	.097	99.355						
50	.055	.088	99.443						
51	.053	.086	99.529						
52	.050	.080	99.609						
53	.041	.066	99.675						
54	.038	.061	99.735						
55	.033	.053	99.788						
56	.031	.050	99.838						
57	.027	.043	99.881						
58	.022	.036	99.917						
59	.017	.028	99.945						
60	.015	.025	99.970						
61	.012	.020	99.990						
62	.006	.010	100.000						

表 3.18 旋转后的成分矩阵

	成分					
	1	2	3	4	5	6
Q44	.817	-.059	.011	.021	-.038	-.069
Q52	.724	-.033	-.037	.134	.003	-.066
Q26	.787	-.108	-.051	.042	.066	.019

	成分					
	1	2	3	4	5	6
Q10	.845	-.028	.085	.012	.045	.011
Q21	.834	-.056	.049	-.029	.036	.061
Q60	.834	.016	.085	.028	-.021	-.070
Q33	.654	.199	.098	-.049	.029	.118
Q39	.881	.030	.087	.033	.039	-.031
Q3	.745	.052	-.016	.098	.071	-.011
Q15	.710	.010	.201	-.036	.078	-.074
Q6	.841	.057	.111	.020	.045	.062
Q7	.762	.019	.104	.089	-.069	-.056
Q27	.750	-.023	.089	-.040	.104	-.057
Q12	.801	.017	.122	.040	.002	-.065
Q38	.829	.106	-.022	.074	.036	.134
Q41	.797	.132	-.014	.086	.051	.161
Q65	.724	.066	.033	-.022	.142	-.040
Q66	.773	.198	-.046	.010	.103	-.031
Q9	.815	.001	-.024	-.116	.091	.109
Q50	.789	-.015	.002	-.138	.097	.047
Q59	.827	.004	-.008	-.082	.025	.048
Q14	-.003	.851	.249	.211	.108	.026
Q36	-.004	.838	.269	.141	.136	.076
Q70	.029	.716	.323	.233	.164	.104
Q1	.027	.804	.313	.178	.127	.162
Q20	.000	.823	.218	.151	.168	.060
Q4	.082	.839	.267	.246	.094	.057
Q18	.033	.828	.292	.215	.071	.080

	成分					
	1	2	3	4	5	6
Q19	.056	.821	.335	.173	.084	.099
Q34	.019	.756	.318	.351	.090	.077
Q58	.065	.711	.236	.245	.050	-.014
Q46	.109	.271	.734	.132	.087	-.066
Q24	.105	.274	.787	.208	.108	.009
Q28	.045	.312	.843	.146	.172	.071
Q29	.056	.279	.863	.117	.125	.069
Q11	.038	.316	.843	.145	.167	.068
Q23	.032	.351	.849	.156	.136	.148
Q13	.027	.377	.829	.166	.138	.173
Q25	.087	.304	.823	.136	.117	.194
Q40	.038	.332	.765	.254	.141	.161
Q2	.016	.380	.172	.738	.001	.003
Q64	.020	.292	.172	.765	.052	.136
Q54	-.024	-.040	.233	.721	.065	.067
Q71	.122	.330	.137	.776	.096	.148
Q22	.050	.265	.162	.797	.120	.050
Q57	-.016	.337	.285	.750	.050	.049
Q17	.005	.326	.124	.777	.075	.100
Q42	-.001	.179	.047	.721	.193	.134
Q47	.124	.209	.140	-.032	.805	.231
Q68	.044	.140	.127	.083	.848	.266
Q51	.108	.142	.088	.030	.837	.227
Q61	.194	.106	.143	.089	.744	.314
Q69	.053	.176	.215	.077	.762	.216

	成分					
	1	2	3	4	5	6
Q31	-.013	.123	.191	.295	.729	.131
Q48	.048	.087	.212	.312	.616	.187
Q56	.136	.044	.171	.192	.668	.328
Q32	.044	.174	.102	-.018	.286	.800
Q35	.041	.087	.104	.074	.258	.811
Q37	.030	-.002	.086	.159	.260	.887
Q45	-.051	.100	.026	.158	.304	.791
Q63	-.014	.082	.128	.108	.153	.883
Q67	-.045	.074	.115	.107	.191	.887

从表 3.16 的 KMO 检验和 Bartlett 检验结果得出，KMO 值为 0.837，表明各测验题项相关程度无太大的差异，因此适合进行因素分析。Bartlett 球形检验 X^2 值为 9096（自由度为 1891）达到显著性，球形假设被拒绝，表明所有的题项间并非独立，适合进行因素分析。由碎石图 3.4 可以看出，该图前几个公共因素特征值的变化非常明显，但自第 8 个特征值后变化其变化趋势趋于平稳。这一情况说明研究提取 6 到 7 个公共因素就可以描述原变量大部分信息。根据 Kaiser 所提出的"因素特征值大于 1"的取舍标准，本研究以此来确定抽取因素数目和题项。前 6 个因素特征值大于 1，因此抽取 6 个因素，所抽取的 6 个因素可解释总方差量为 73.113%。因素 1 包含 21 个题项，涉及拳击教练员专业技能，其包括：训练负荷控制、计划能力、临场指挥、创新能力、关注细节、技术诊断、收集信息、伤病预防等一系列执教行为方式与方法，因为这些都与"专业技能"有关，因素 1 解释了 30.174% 方差变异量，因素负荷量从 0.654-0.881。因素 2 包含 10 个题项，涉及拳击教练员的管理技能，其包括：沟通、激励、影响力和解决问题等方面，这些方面的能力有助于拳击教练员在训练中更好地展现教练员的管理

技能，与运动员建立良好关系，有利于训练工作的顺利进行。因为这些都与"管理技能"有关，因素 2 解释了 20.263% 方差变异量，因素负荷量从 0.711-0.851。因素 3 包含 9 个题项，涉及了拳击教练员所必备的专业知识如选材知识、体能训练知识、专项经验和持续学习。因素 3 解释了 9.502% 方差变异量，因素负荷量从 0.734-0.863。因素 4 包含了 8 个题项，都与拳击教练员的个人特质有关，涉及了成就动机、自我控制能力、竞争性、应变力，这些方面是拳击教练员深层次的个性特征，相对而言具有一定的稳定性，因素 4 解释了 5.583% 方差变异量，因素负荷量从 0.721-0.797。因素 5 包含了 8 个题项，涉及拳击教练员的人际关系处理能力，如支持、协作和团队合作等，因素 5 解释了 4.134% 方差变异量，因素负荷量从 0.616-0.848。因素 6 包含了 6 个题项，主要解释了拳击教练员的职业态度，如责任心和主动性，因素 6 解释了 3.644% 的方差变异量，因素负荷量从 0.791-0.887。表 3.19 给出的是个因素的命名及每个因素所包含的题项。

Scree Plot

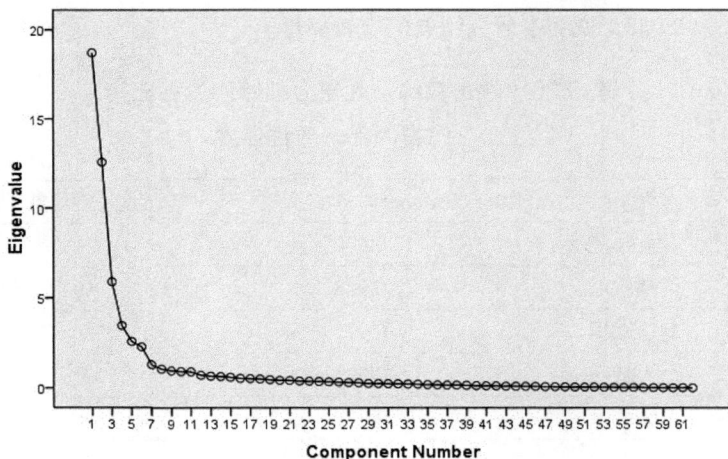

图 3.4 因素碎石图

表 3.19 因素命名及包含项目编号

因素	因素命名	包含项目的编号
1	专业技能	Q44、Q52、Q26、Q10、Q21、Q60、Q33、Q39、Q3、Q15、Q6、 Q7、Q27、Q12、Q38、Q41、Q65、Q66、Q9、Q50、Q59
2	管理技能	Q14、Q36、Q70、Q1、Q20、Q4、Q18、Q19、Q34、Q58
3	专业知识	Q46、Q24、Q28、Q29、Q11、Q23、Q13、Q25、Q40
4	个人特质	Q2、Q64、Q54、Q71、Q22、Q57、Q17、Q42
5	人际关系	Q47、Q68、Q51、Q61、Q69、Q31、Q48、Q56
6	职业态度	Q32、Q35、Q37、Q45、Q63、Q67

3.2.4.3 中国拳击教练员胜任力初始问卷信度分析

信度是指测量数据与结论的可靠性程度。因此，本文采用了Cronbach's α系数对初始问卷进行信度检验。本研究问卷各维度及总问卷内部一致性系数（见表3.20），从该表可以看出各个维度的Cronbach's α系数均高于0.900，介于0.931-0.970之间；总问卷的Cronbach's α系数为0.958，说明本研究问卷信度较理想。

表 3.20 拳击教练员胜任力初始问卷各因素及总问卷内部一致性信度

因素	Cronbach's α 系数	因素项目数
专业技能	0.970	21
管理技能	0.968	10
专业知识	0.972	9
个人特质	0.931	8
人际关系	0.937	8
职业态度	0.949	6
总问卷	0.958	62

3.2.5 中国拳击教练员胜任力模型构建验证性因素分析

通过上述探索性因素分析得出，中国拳击教练员胜任力模型应包含 6 个维度结构，各个维度涵盖题项所反映出的"共同因素维度"与之前所述拳击教练员胜任力模型理论结构所初步拟定的维度和意义相符合，即专业技能、管理技能、专业知识、个人特质、人际关系和职业态度。通过此前本研究对初始问卷的分析，删除若干题项后重新编制拳击教练员胜任力正式问卷进行数据收集、统计，对此六维度结构模型进行验证。通过运用 AMOSS5.0 检验中国拳击教练员胜任力六维度结构模型拟合程度，在实际验证性因素分析中主要考察中国拳击教练员模型的相对拟合指标和绝对拟合指标对其进行拟合程度判断。

3.2.5.1 中国拳击教练员胜任力正式问卷的编制及测量

根据中国拳击教练员胜任力理论构思，本研究此部分采用上述探索性分析研究筛选出来的 62 个题项进行重新排序、编制《拳击教练员胜任力正式问卷》（详见附录 E）。问卷采用 likeret 量表 5 级评分法进行评测。其中 21 道题（Q1-Q21）测试拳击教练员的"专业技能"，10 道题（Q22-Q31）测量拳击教练员的"管理技能"，9 道题（Q32-Q40）测试拳击教练员"专业知识"，8 道题（Q41-Q48）测试拳击教练员的"个人特质"的能力，8 道题（Q49-Q56）测量拳击教练员的"人际关系"，6 道题（Q57-Q62）测试拳击教练员的"职业态度"，从而编制成修改后的拳击教练员胜任力正式问卷。

本调查主要在北京举办的 2016 年全国拳击教练员高级培训班、全运会拳击比赛、全国男子拳击锦标赛、国家拳击队、山东省拳击队、内蒙古拳击队、新疆拳击队、北京体育大学和武汉体育学院附属竞技体校进行调查取样。共发放调查问卷 283 份，回收问卷 231 份，回收率为 81.62%；最终获得有效问卷 215 份，有效率为 87.05%（见 3.21 表）。

表 3.21 拳击教练员正式问卷样本情况（N=215）

项目		人数	有效百分比	累计百分
执教岗位	基层教练	148	68.84	68.84
	专业队教练	67	31.16	100.0
性别	男	158	73.49	73.49
	女	57	26.51	100.0
年龄	30 岁以下	37	17.20	17.20
	30-40 岁	74	34.42	51.62
	40-50 岁	72	34.48	86.10
	50 岁以上	36	16.70	100.0
执教年限	5 年以下	33	15.30	15.30
	5-10 年	73	33.95	49.25
	10-15 年	73	33.95	83.20
	15 年以上	36	16.70	100.0
学历	中专	12	5.60	5.60
	大专	115	53.50	59.10
	本科及以上	88	40.90	100.0
教练级别	初级	62	28.83	28.83
	中级	104	48.37	77.20
	高级	40	18.60	95.80
	国家级	9	4.20	100.0

3.2.5.2 统计方法

邱皓（2003）认为验证性因素分析主要在于检验理论模型的多维结构。通过本研究前期的探索性因素分析，得出来的中国拳击教练员胜任力模型六维度结构，因此后续就可采用验证性因素分析来检验所构建的中国拳击教练员胜任力模型六维度结构构建效度。

从技术层面上来讲，验证性因素分析是评价理论模型的一种结构方程模型统计技术。侯杰泰（2002）认为结构方程模型能够处理潜变量及其指标且优于传统统计方法，测量模型在结构方程模型体系中通常就是我们所称的验证性因素分析模型。黄芳铭（2004）认为结构方程模型是一种融合了因素和路径分析两种统计技术的统计方法论，可同时检验模型中包含的观测变量、潜变量、干扰或误差变量间的关系，获得自变量对因变量影响的直接效果、间接效果、总体效果。简而言之，其具有以下优点：能同时处理潜变量及其与观测指标间复杂关系；能同时剔除随机测量的误差；能同时计算多个因变量间关系；能估计整个模型的拟合程度。

黄芳铭（2005）认为在对假设模型进行实证检验时，要对多个拟合指标进行综合评价，要考察的拟合指标主要包括以下三类：一、绝对拟合指标，常用绝对拟合指标有似然比卡方检验值（likelihood ratio X^2）、残差均和平方根（RMR）、近似误差平方根（RMSEA）、拟合度指标（GFI）、调整后拟合度指标（AGFI）；二、相对拟合指标，相对拟合指标用来评价整体拟合程度的有：规范拟合指标（NFI）、非规范拟合指标（NNFL）、比较拟合指标（CFI）、增值拟合指标（IFI）、相对拟合指标（RFI）；三、简约拟合指标，用于评价整体拟合的简约拟合指标主要有：简约规范拟合指标（PNFI）、简约良性拟合指标（PGFI）、Akaike 信息指标（AIC）。

本研究主要参考 X^2、X^2/df、RMSEA、IFL、CFI、PNFI、PGFI 指标对各种模型进行比较和评价。这些拟合指数标准是：$1 < (X^2/df) < 3$，通常该值小于 2 为佳；$0 < RMSEA < 1$，其值接近 0 为好（通常小于 0.05）；$0 < PNFI、PGFI、IFL、CFI < 1$，这四项值接近 1 为好（通常要求 PNFI 与 PGFI 值大于 0.5，IFL 与 CFI 值大于 0.90）。

3.2.5.3 模型检验

根据探索性因素分析所得到的六个因素，本研究提出了中国拳击教练员胜任力六维度结构构想模型。其中，Q1-Q21 为第一个维度；Q22-Q31 为第二个维度；Q32-Q40 为第三个维度；Q41-Q48 为第四个维度，Q49-Q56 为第五个维度，Q57-Q62 为第六个维度。

按照结构方程模型建模要求，对中国拳击教练员胜任力理论模型进行验证。用拳击教练员胜任力正式问卷调查所得到的样本数据观察值与理论模型进行拟合，得到拳击教练员胜任力模型理论结构完全标准化解。理论模型各参数的标准化解如表 3.22 所示。

表 3.22　模型的参数的标准化系数

维度	题项	标准化系数	T 值
专业技能（F1）	Q1	0.58	
	Q2	0.57	
	Q3	0.56	
	Q4	0.45	
	Q5	0.59	
	Q6	0.55	
	Q7	0.62	
	Q8	0.61	
	Q9	0.67	
	Q10	0.66	
	Q11	0.67	
	Q12	0.59	
	Q13	0.58	
	Q14	0.66	
	Q15	0.65	
	Q16	0.71	
	Q17	0.58	

维度	题项	标准化系数	T 值
	Q18	0.62	
	Q19	0.65	
	Q20	0.62	
	Q21	0.58	
管理技能 (F2)	Q22	0.57	8.82
	Q23	0.59	8.44
	Q24	0.57	6.56
	Q25	0.61	8.34
	Q26	0.67	6.63
	Q27	0.68	6.94
	Q28	0.62	7.02
	Q29	0.63	6.06
	Q30	0.56	6.48
	Q31	0.67	6.25
专业知识 (F3)	Q32	0.62	7.17
	Q33	0.63	7.46
	Q34	0.57	6.96
	Q35	0.59	7.34
	Q36	0.63	6.87
	Q37	0.67	6.97
	Q38	0.65	8.02
	Q39	0.68	6.07
	Q40	0.56	6.48

维度	题项	标准化系数	T 值
个人特质 (F4)	Q41	0.54	6.55
	Q42	0.57	8.17
	Q43	0.58	8.45
	Q44	0.62	7.83
	Q45	0.59	6.43
	Q46	0.50	6.56
	Q47	0.54	6.83
	Q48	0.63	6.26
人际关系 (F5)	Q49	0.67	6.28
	Q50	0.58	7.55
	Q51	0.54	8.62
	Q52	0.48	8.64
	Q53	0.67	6.58
	Q54	0.64	8.64
	Q55	0.63	6.56
	Q56	0.56	6.94
职业态度 (F6)	Q57	0.54	7.52
	Q58	0.62	6.56
	Q59	0.63	6.68
	Q60	0.67	6.28
	Q61	0.59	7.67
	Q62	0.66	7.66

本研究所选取的各项主要拟合指标数见表 3.23。由该表可知，拳击教练员胜任力模型六维度结构中所考察的这些拟合指标能达到较好拟合水平，说明观测数据较好地支撑理论模型。因此本研究所构建的中国拳击教练员胜任力模型六维度结构得到很好验证。

表 3.23　拳击教练员胜任力六维度结构模型拟合指标（N=215）

拟合指标	X^2/df	RMSEA	IFL	CFI	PNFI	PGFI
验证模型	1.453	0.046	0.976	0.965	0.786	0.803

3.2.5.4 中国拳击教练员胜任力正式问卷信度和效度检验

一、信度检验

1. 内部一致性信度

因为本研究使用 likert5 级评分量表，所以金瑜（2001）认为采用 Cronbach＇s α 系数进行内部一致性检验是较为合适的方法。总问卷及各因素的 Cronbach＇s α 系数如表 3.24 所示，各因素 Cronbach＇s α 系数介于 0.874-0.949 之间，都高于 0.80；总问卷 Cronbach＇s α 系数为 0.937。因此该统计结果表明拳击教练员胜任力测量问卷具有较好信度。

表 3.24　拳击教练员胜任力各因素及总问卷内部一致性信度

因素	F1	F2	F3	F4	F5	F6	总问卷
α 系数	0.943	0.949	0.925	0.903	0.874	0.895	0.937

2. 建构信度

随着结构理论方程发展，基于结构方程理论建构信度评估技术被提出，其可以认为是在误差相等的情况下所进行评估，能提高信度指标精确程度。建构信度估算技术公式如下：

$$\rho = \frac{\left(\sum \lambda\right)^2}{\left(\sum \lambda\right)^2 + \left(\sum \vartheta\right)}$$

Bagozzi 和 Yi（1998）等研究认为建构信度应大于 0.6 时才可被接受。依据建构信度估算技术公式对拳击教练员测量问卷建构信度计算后，结果如表 3.25 所示。各因素建构信度系数分别为 0.874、0.903、0.911、0.896、0.887 和 0.916，均满足建构信度大于 0.6 的要求。

表 3.25　拳击教练员胜任力各因素的建构信度

潜在变量	专业技能	管理技能	专业知识	个人特质	人际关系	职业态度
建构效度	0.874	0.903	0.911	0.896	0.887	0.916

综合内部一致性 Cronbach's α 系数及建构信度系数度量指标，可认为拳击教练员胜任力问卷信度较为理想。

二、效度检验

陈晓萍、徐淑英、樊景立（2008）认为效度指测量有效程度，而基于特定研究目的、功能、适用范围而言，效度为一个多层面概念。本研究重点考察编制研究量表内容效度和建构效度两方面。

1. 内容效度。风笑天（2002）认为可以用研究者的相关专业知识来主观判断测量所选题项是否符合研究的测量目的及要求。本研究使用问卷测量拳击教练员胜任力内容，首先查阅胜任力研究方面相关文献资料，理清拳击教练员胜任力定义。采用行为事件访谈技术提取拳击教练员胜任特征，审查拳击教练员胜任力问卷中所涉及的题项是否与拳击教练员胜任力概念相关。另外，征询中国国家体育总局跆拳中心管理者、运动心理学方面专家、训练学方面专家意见，请其对胜任力问卷中题项及其表述进行审定和评价，得到了专家们一致认可。同时，在初始问卷发放之前就问卷的内容表述请拳击运动一线教练员提出意见，再次对题项进行修正，最终形成了拳击教练员胜任力正式问卷。从部分拳击教练员反馈信息和最后测量结果看，问卷内容能够反映拳击教练员胜任力内容。因此，本研究调查问卷具有较好内容效度。

2. 建构效度。建构效度是指某项研究调查问卷测验实际得分能解释该理论概念或特质的程度。皮腾杰（2006）认为根据研究理论假设结构，通过问卷测验得到答卷者实际分数，经过统计和分析，如果统计结果表明问卷能有效解释答卷者某项特质，就可以说明该问卷具有良好建构效度。为保证调查问卷较好的建构效度，理论上调查问卷应满足两个条件：一是聚合效度高；二是区分效度低。因此，可以通过检验聚合效度和区分效度验证建构效度。

聚合效度可用平均抽取方差量（AVE）考察，它反映因素相对于测量误差来说所解释的总体方差量。AVE 表达式如下：

$$AVE = \frac{\sum \lambda^2}{\sum \lambda^2 + \sum \varepsilon}$$

黄希庭、张志杰认为如果提取的平均方差在 0.5 或以上时，表示因素测量有足够的聚合效度。由表 3.26 可知，拳击教练员胜任力各维度的 $AVE \geq 0.5$，表示本量表各胜任力维度有足够聚合效度；胜任力维度之间 AVE 平方根值均大于其相关系数，这一结果说明每个维度具有相对独立意义，维度间具有一定区分度，证明拳击教练员胜任力问卷具有很好区分效度。表 3.26 中各维度的 AVE 平方根值均大于其所在行和列上的相关系数值，反映了拳击教练员胜任力各维度测量变量有很好的区分效度。既说明了各因素能反映总问卷所要测验的内容；又说明了各因素具有一定区分度，证明拳击教练员胜任力问卷具有良好建构效度。

表 3.26　拳击教练员胜任力各因素间相关系数矩阵、AV 及其平方根

因素	F1	F2	F3	F4	F5	F6
F1	0.843					
F2	0.523	0.824				
F3	0.498	0.442	0.789			
F4	0.503	0.483	0.387	0.805		
F5	0.602	0.594	0.529	0.504	0.863	
F6	0.572	0.503	0.487	0.443	0.473	0.827
AVE	0.711	0.679	0.623	0.648	0.745	0.684

注：相关系数分别列在矩阵的下半部，AVE 的平方根在对角线上，

AVE 列于最末行

3.3 本章小结

一、通过拳击教练员职业特征分析；教练员素质、能力、知识等文献资料综合分析；专家问卷调查；行为事件访谈等，提出了包含25项胜任特征的中国拳击教练员胜任力六维度结构模型，即中国拳击教练员胜任力模型在理论上包含六方面内容，其分别为"专业技能""专业知识""职业态度""个人特质""管理技能""人际关系"。

二、通过中国拳击教练员胜任力调查问卷设计、调查、统计、修正、信效度检验，认为中国拳击教练员胜任力可通过其行为表现来反映出来，本研究编制的基于拳击教练员行为描述的胜任力测量问卷为评价中国拳击教练员胜任力提供了可操作性测量工具。

三、通过中国拳击教练员胜任力探索性因素分析、验证性因素分析，得到与中国拳击教练员胜任力模型理论结构相一致的六维结构，表明所构建的六维度模型能较好地描述中国拳击教练员综合胜任力，证明了中国拳击教练员胜任力模型理论构建的科学性、合理性。

第四章　基于扎根理论的中国拳击
教练员胜任力模型验证

　　扎根理论是指在经验资料的基础上建立理论，研究者在研究开始之前一般没有理论假设，直接从实际观察入手，从原始资料中归纳出经验概括，然后上升到理论。扎根理论是由两位社会学者 BarneyGlaser 与 AnselmStrauss 于 1967 年在其专著《扎根理论之发现：质化研究的策略》中首先提出的，其方法形成与来自哲学和社会学的理论思想有关：一是美国的实用主义，强调行动的重要性，在问题解决中产生方法；二是芝加哥社会学派，该学派广泛使用实地观察和深度访谈的方法收集资料，强调从行动者的角度理解社会互动、社会过程和社会变化。

　　扎根理论特别强调从资料中提升理论，认为只有通过对资料的深入分析，才能逐步形成理论框架。这是一个归纳的过程，从下往上将资料不断地进行浓缩。与一般的宏大理论不同的是，扎根理论不对研究者自己事先设定的假设进行逻辑推演，而是从资料入手进行归纳分析。理论一定要可以追溯到其产生的原始资料，一定要有经验事实作为依据。这是因为扎根理论者认为，只有从资料中产生的理论才具有生命力。如果理论与资料相吻合，理论便具有了实际的用途，可以被用来指导人们具体的生活实践。

　　扎根理论的首要任务是建立介于宏大理论和微观操作性假设之间的实质理论（即适用于特定时空的理论），但也不排除对具有普适性的形式理论的建构。然而，形式理论必须建立在实质理论的基础之上，只有在资料的基础上建立起实质理论以后，形式理论才可能在各类相关实质理论之上建立起来。这是因为，扎根理论认为知识是积累而成的，是一个不断地从事实到实质理论，然后到形式理论演进的过程。建构形式理论需要大量的资料来源，需要实质理论的中介。如果从一个资料来源直接建构形式理论，这其中的跳跃性太大，有可能产生很多漏洞。此外，形式理论不必只有一个单一的构成形式，可以涵盖许多不同的实质性理论，将许多不同的概念和观点整合、浓缩、生成为一个整体。这种密集型的形式理论比那些单一的形式理论，其内蕴更加丰富，可以为一个更为广泛的现象领域提供意义解释。

扎根理论对理论的检核与评价有自己的标准，总结起来可以归纳为如下四条：1. 概念必须来源于原始资料，理论建立起来以后应该可以随时回到原始资料，可以找到丰富的资料内容作为论证的依据。2. 理论中的概念本身应该得到充分的发展，密度应该比较大，即理论内部有很多复杂的概念及其意义关系，这些概念坐落在密集的理论性情境之中。与格尔茨（Geertz，1973）所说的"深描"有所不同的是：扎根理论更加重视概念的密集，而"深描"主要是在描述层面对研究现象进行密集的描绘。3. 理论中的每一个概念应该与其他概念之间具有系统的联系，"理论是在概念以及成套概念之间的合理的联系"（Strauss& Corbin，1994：278），各个概念之间应该紧密地交织在一起，形成一个统一的、具有内在联系的整体。4. 由成套概念联系起来的理论应该具有较强的运用价值，应该适用于比较广阔的范围，具有较强的解释力，对当事人行为中的微妙之处具有理论敏感性，可以就这些现象提出相关的理论性问题。

扎根理论的操作程序一般包括：1. 从资料中产生概念，对资料进行逐级登录；2. 不断地对资料和概念进行比较，系统地询问与概念有关的生成性理论问题；3. 发展理论性概念，建立概念和概念之间的联系；4. 理论性抽样，系统地对资料进行编码；5. 建构理论，力求获得理论概念的密度、变异度和高度的整合性。对资料进行逐级编码是扎根理论中最重要的一环，其中包括三个级别的编码。

扎根理论作为质性研究方法遵从实践,为中国拳击教练员胜任力模型的建构研究提供了新的方法学基础,与定量研究方法从假设建构类属不同,扎根理论研究法而是进入现场,进行实地观察访谈,对收集资料进行反复比较,提取出概念与范畴,确定核心范畴和类属关系,自下而上进行理论构建。由于中国拳击教练员胜任力理论尚处于探索阶段,前期研究成果中没有对中国拳击教练员胜任力进行系统分析,因此无法进行定量研究。本研究使用扎根理论质性研究方法,不以现有理论为参照,尊重实践,按照扎根研究流程自下而上构建中国拳击教练员胜任力模型。

目前国内外学者对于教练员胜任力还没有统一标准与界定,而对于拳击教练员的胜任力研究更是匮乏。因此研究我国拳击教练员的胜任力构成,探究拳击教练员的核心能力,找出其影响因素和逻辑机理,有针对性地进行评价、培训与评估,对于提高和发展我国拳击教练员的整体胜任力有重要的实践意义和理论意义。

4.1 文献回顾

4.1.1 胜任力的概念研究

McClelland(1973)首次提出"胜任力"的概念,其定义为:"能将某岗位工作中有卓越成就者与表现普通者区分开来的个体特征,它可以是动机、特质、价值观、某领域知识或行为技能,任何可以被可靠测量或计数的,并且能显著区分优秀与普通绩效的个体特征"。随后国内外学者对于不同工作岗位的胜任力进行了深入分析和实证研究并取得了丰富的成果,但有关胜任力的定义至今尚未统一,目前国内外学术界对胜任力内涵主要有以下三种观点。

以国外学者McClelland(1973)、Boyatizis(1982)、Spenser(1993),国内学者王重鸣(2000)、彭剑峰、饶征(2003)为代表的"特征观",该观点认为影响优秀绩效的不是外显的知识与技能,而是鉴别性的隐形胜任特征。以国外学者Fletcher(1991)、Cockerilletal(1995),国内学者仲理峰、时勘（2004）为代表的"行为观"，该观点认为影响优秀绩效的是可以测量和评价的个体外显行为。以 Ledford（1995）、Byham & Moyer（1996）为代表的"综合观"该观点研究认为对于胜任力评价预测量应该综合以上两种观点。

通过对胜任力文献的梳理与理解，结合我国拳击教练员现状，研究拳击教练员的胜任力应当以"综合观"为指导，这样更严谨和客观。基于以上研究本文的拳击教练员的胜任力界定为在中国竞技体育组织情境下，绩效优秀的拳击教练员在训练教学比赛中表现出的个人特质、动机、知识、能力等胜任指标。

4.1.2 中国教练员胜任力研究

纵观近十年的中国教练员胜任素质研究，涉及田径、武术、举重、篮球、足球、体操、乒乓球、跆拳道、排球、瑜伽 10 余个运动项目的教练员，研究成果主要在于文献综述与胜任力模型的理论构建，其中代表性成果有：刘鎏（2006）建立了足球教练员胜任力模型，模型包括知识的获得、团队意识、相信团队成员、促进合作、权威、自信、关注细节和关怀。邱芬、姚家新（2009）建立了专业教练员模型，模型包括知识的获取、创新、团队合作、沟通、权威、关注细节、洞察力、分析思考。尹碧昌（2014）建立了田径教练员胜任力模型，模型包括专业知识、执教技能、建立与发展关系、个人特质。

上述研究代表着中国教练员胜任力主要研究成果。从模型建立方法来看普遍使用文献综述、访谈、内容分析、计算胜任特征频次、平均数、访谈长度等统计分析，进行模型构建，研究方法与过程相似，导致研究结论的科学严谨性受到质疑。教练员胜任力研究不能脱离我国竞技体育的组织情景，同时特殊专项的教练员胜任力研究匮乏，通过文献的查找目前国内外对于拳击教练员的胜任力研究尚属空白。

4.2 研究设计

通过文献回顾与梳理发现对于教练员胜任力的研究文献相对陈旧，研究方法缺乏科学性与严谨性。由于已有研究中对于教练员的胜任力缺乏系统深入的研究，本研究将使用质性的研究方法，不从现有的理论和研究结果出发，避免受到现有研究思路和结论的影响。遵从实际实践，从现实现象出发，进行理论构建，强调理论的饱和度。运用扎根理论构建拳击教练员胜任力模型。本研究的整体逻辑思路是：首先对我国教练员胜任力的相关研究文献进行梳理，以此为基础构建起初步的半结构化访谈框架；其次，开展访谈并进行开放编码和选择性编码，确定核心范畴；然后，在核心范畴的基础上确定各范畴之间的关系，完成模型构建，并与相关的研究文献进行对话；最后，讨论模型对于我国拳击教练员的启示以及未来继续研究的方向。

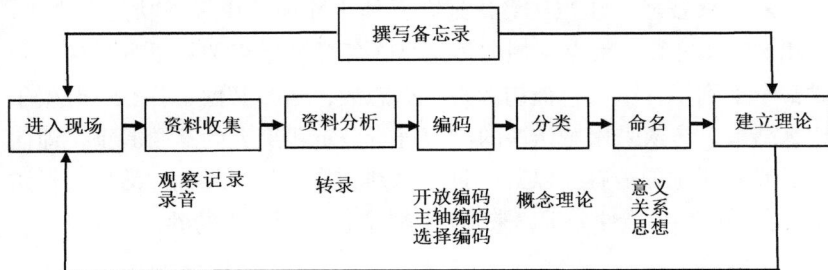

图 4.1 扎根理论研究程序图

4.2.1 理论性抽

理论性抽样指根据理论研究的需要有目的地选择研究样本。与计量研究严格要求遵循统计意义上标准和样本代表性不同，扎根精神的研究更强调资料的经验性和理论的饱和性。

在对资料进行分析时，研究者可以将从资料中初步生成的理论作为下一步资料抽样的标准。这些理论可以指导下一步的资料收集和分析工作，如选择资料、设码、建立编码和归档系统。当下呈现的每一个理论都对研究者具有导向作用，都可以限定研究者下一步该往哪里走、怎么走。因此，资料分析不应该只是停留在机械的语言编码上，而是应该进行理论编码。研究者应该不断地就资料的内容建立假设，通过资料和假设之间的论证比较产生理论，然后使用这些理论对资料进行编码。

依据理论性抽样的原则，首先确定样标，选取以中国国家拳击队（男队、女队）的 14 名教练员作为研究对象，研究对象具有权威性。样标如表 1 所示。访谈对象男 12 人，女 2 人，执教年限都在 10 年以上，教练员级别均为高级教练员，其中国家级教练 6 人，高级教练员 8人，均为国家男、女队现役教练员。

为了保证理论的饱和度，男子拳击队的 8 名教练员与女子拳击队的 6 名教练员分别进行访谈。访谈采用目前得到公认，且最有效的方法（BEI）行为事件访谈法 McClelland（1998）。即采用开放式的行为回顾式探察技术，让被访者讲述在具体工作岗位中最成功的三件事，采用 STAR 工具，重点挖掘的信息是在怎样的组织情景下发生的，当时都牵扯到了什么人，被访者是怎么想的，当时又做了什么，产生了什么结果，访谈采用对访谈的内容进行一定程度上的三角验证，即向A 了解 B 所说的内容，以其一致性来判断数据的可靠性。然后，对访谈内容进行扎根质性分析，来确定访谈者所表现出来的胜任力特征。

表 4.1 行为事件访谈对象的基本情况

内容	工作环境	性别		执教时间（年）			文化水平			教练级别	
	国家队	男	女	10-15	15-20	20以上	中专	大专	本科	高级	国家级
人数（人）	14	12	2	5	5	4	4	5	5	8	6

4.2.2 数据收集

使用半结构化访谈的方法收集数据，每访谈一位教练员进行一次编码，不断比较，直至第 12 名拳击教练时发现无新概念或关系出现，继续访谈 2 位教练员仍无新的发现，判断理论已经饱和。

对拳击教练员实施半结构化的访谈，利用 STAR 工具，编写中国拳击教练员访谈提纲，以拳击教练员的执教经历为轴线，主要由被访谈者以叙事的方式介绍近三年的关键事件，尽量规避其由于紧张或时间模糊而导致的叙述不真实成分。为防止受访者疲劳出现的非故意误差等，笔者控制访谈的方向与节奏，通过教练员自身的感受和经历来挖掘信息，就教练员的带队、训练、比赛、日常管理等内容进行引导，紧紧围绕教练员所具备的素质与能力进行展开。如有表述不清或概念模糊时，笔者与受访者沟通交流，准确记录受访者信息。

由于是半结构化的方式，访谈者可以在一定程度上控制访谈的进度，收集到需要的数据。每例访谈时间一般为 1.5 至 2 小时，共计 23 小时，整理后得到文本资料共 43194 字。

4.3 扎根研究

4.3.1 开放编码（一级编码）

在一级编码（开放式登录，Open Coding）中，研究者要求以一种开放的心态，尽量"悬置"个人的"偏见"和研究界的"定见"，将所有的资料按其本身所呈现的状态进行登录。这是一个将收集的资料打散，赋予概念，然后再以新的方式重新组合起来的操作化过程。登录的目的是从资料中发现概念类属，对类属加以命名，确定类属的属性和维度，然后对研究的现象加以命名及类属化。开放式登录的过程类似一个漏斗，开始时登录的范围比较宽，随后不断地缩小范围，直至码号出现了饱和。在对资料进行登录时，研究者应该就资料的内容询问一些具体的、概念上有一定联系的问题。提问的时候要牢记自己的原初研究目的，同时留有余地让那些事先没有预想到的目标从资料中冒出来。在这个阶段研究者应该遵守的一个重要原则是：既什么都相信，又什么都不相信（Strauss，1987）。

为了使自己的分析不断深入，研究者在对资料进行开放式登录的同时应该经常停下来写分析型备忘录。这是一种对资料进行分析的有效手段，可以促使研究者对资料中出现的理论性问题进行思考，通过写作的方式逐步深化自己已经建构起来的初步理论。这一轮登录的主要目的是开放对资料的探究，所有的解释都是初步的、未定的。研究者主要关心的不是手头这个文本里有什么概念，而是它可以如何使探究深入进行。

在进行开放式登录时，遵循以下基本的原则：1.对资料进行仔细的登录，不要漏掉任何重要的信息；登录越细致越好，直到饱和；如果发现了新的码号，应该在下一轮进一步收集原始资料。2.注意寻找当事人使用的词语，特别是那些能够作为码号的原话。3.给每一个码号进行初步的命名，命名可以使用当事人的原话，也可以是研究者自己的语言，不要担心这个命名是否合适。4.在对资料进行逐行分析时，就有关的词语、短语、句子、行动、意义和事件等询问具体的问题，如：这些资料与研究有什么关系？这个事件可以产生什么类属？这些资料具体提供了什么情况？为什么会发生这些事情？5.迅速地对一些与资料有关的概念的维度进行分析，这些维度应该可以唤起进行比较的案例；如果没有产生案例，应该马上寻找。6.注意列出来的登录范式中的有关条目。

此阶段将访谈录音转化为文字文本，将访谈资料打散并聚类，形成概念和范畴。有信息模糊或不能把握的，通过访谈等方式向被访者经过确认，结论一致后形成最终结果，以此反映数据内容。

在开放编码中，尽可能使用被访者的原话，以呈现其感受或态度。以逐行、逐句、逐段的方式编码，使得资料中的概念自然涌现出来。编码的编号规则为：PA-B，其中 PA 为被访谈人编号，B 为访谈资料中涌现的第 B 个概念，例如 P11-6 表示编号为 P11 的被访谈人的访谈资料中涌现的第 6 个概念。

经过多次反复对比分析，共从资料中抽象出 89 个概念及其所属的 25 范畴，如表 4.2 所示。

表 4.2　开放编码界定的主范畴和概念

z	主范畴	概念	典型编码例证
1	专项经验	教练员自身的专项经历感受、经验性知识	P7-4 感觉他和我的打法很相似
2	体能训练知识	教练员对拳击专项进行身体结构功能的训练知识	P3-7 强调专项力量的训练
3	临场指挥	拳击教练员在赛场的技战术安排与指挥艺术	P13-5 充分发挥自己特长抑制对手发挥
4	沟通能力	教练员与运动员以及工作人员的交流沟通反馈	P8-4 他们经常过来找我谈训练体会
5	成就动机	教练员追求他们认为有价值的工作并使之完美	P6-3 一直盼着他能去打奥运会
6	选材知识	教练员对运动员选拔的标准和要求	P10-1 我找那些跑得快力量大的运动员
7	训练负荷控制	教练员对于专项运动量与运动强度的监控	P5-20 该调整的时候就得大胆调
8	应变能力	面对意外时迅速决策反应，妥善解决事件的能力	P13-6 眉弓撞开后我让他打控中远距离
9	持续学习	教练员坚持学习专业前沿知识不断的进修学习	P1-15 教练员学习班有机会都去参加
10	技术诊断	教练员对运动员技术的规范性进行的评价诊断	P9-2 动作幅度大的运动员得技术纠正
11	自我控制	教练员对自我心理和行为的掌握	P6-9 我没有将自己的情绪带到训练中
12	计划能力	教练员对于教学训练阶段和过程的规划能力	P5-9 赛前阶段保持状态很关键

z	主范畴	概念	典型编码例证
13	解决问题能力	教练员能预见到问题，同时还要有决策力和执行力	P11-2 体重下不来我带他汗蒸
14	伤病预防	教练员对于运动员伤病的预防及控制	P12-1 训练完是不能洗凉水澡的
15	创新能力	教练员根据自己的认知进行的技术改革	P6-5 让运动员带着护齿跑步和跳绳
16	激励	激发运动员的动机朝目标采取行动的心理过程	P1-8 我经常在队会上表扬他
17	协作	训练比赛管理中的各部门和人的协调配合	P8-15 让队医联系的北京三院做检查
18	收集信息	教练员通过各种渠道获取与比赛有关的信息	P8-7 通过裁判拿到了对手比赛录像
19	主动性	教练员不依赖外力推动的行为品质	P9-9 教练员要比运动员先到训练馆
20	团队意识	整体配合意识，相信团队成员，促进合作	P1-23 没有团队配合我们走不到今天
21	关注细节	对于运动员技术身体等细微环节的关注与把握	P1-17 我发现他的右肩比左肩稍低一些
22	支持	主管领导的政策、经费、场地、器材等方面的帮助	P1-17 主管领导给予了经费参赛支持
23	竞争性	为了完成训练目标获取成功而采取的相应行动	P10-8 和男队员相比我们的强度不低
24	影响力	教练员影响改变他人的思想和行动的能力	P4-9 我做的计划他都高质量地完成
25	责任心	对所负责任、承担责任和履行义务的自觉态度	P5-9 早操我每天都出的

备注：典型编码例证内容较多，表 3 为部分展示

4.3.2 主轴编码（二级编码）

二级编码（又称轴心登录或关联式登录，Axial Coding）的主要任务是发现和建立概念类属之间的各种联系，以表现资料中各个部分之间的有机关联。这些联系可以是因果关系、时间先后关系、语义关系、情境关系、相似关系、差异关系、对等关系、类型关系、结构关系、功能关系、过程关系、策略关系等。在轴心登录中，研究者每一次只对一个类属进行深度分析，围绕着这一个类属寻找相关关系，因此称之为"轴心"。随着分析的不断深入，有关各个类属之间的各种联系应该变得越来越具体。在对概念类属进行关联性分析时，研究者不仅要考虑到这些概念类属本身之间的关联，而且要探寻表达这些概念类属的被研究者的意图和动机，将他们的言语放到当时的语境以及他们所处的社会文化背景中加以考虑。

每一组概念类属之间的关系建立起来以后，研究者还需要分辨其中什么是主要类属，什么是次要类属。这些不同级别的类属被辨别出来以后，研究者可以通过比较的方法把它们之间的关系连结起来。当所有的主从类属关系都建立起来之后，研究者还可以使用新的方式对原始资料进行重新组合。为了发现这些分析方式是否具有实践意义，研究者还可以在对各种类属关系进行探讨以后，建立一个以行动取向或互动取向为指导的理论建构雏形。这种理论雏形将分析的重点放在处理现实问题和解决现实问题上面，其理论基础是当事人的实践理性。

编码中发现，范畴间存在一定类聚关系，经过分析、讨论、比较，将范畴的逻辑关系进行归类，最后确定范畴可以按个人特质、专业知识、专业技能、管理技能、职业态度、人际关系分为六类。与个人特质相关范畴有：成就动机、责任心、应变能力、自我控制，这些体现了拳击教练员内在特质；专项经验、选材知识、体能训练知识、持续学习能力是对拳击教练员专业知识的要求；计划能力、临场指挥、技术诊断、训练负荷的控制、创新能力、关注细节、收集信息、伤病预防是对拳击教练员专业技能的要求；沟通能力、解决问题能力、激励、团队合作、影响力属于拳击教练员管理技能；责任心、主动性划归为职业态度；支持和协作划归为人际关系。因此，将上述 25 个范畴合并为 6 个类属，如表 4.3 所示。

表 4.3　主轴编码确定的范畴类属关系

编号	关系类别	范畴	内涵
1	专业知识	选材知识、体能训练知识、专项经验、持续学习能力	专业知识即拳击教练员所具备的专业理论和技术知识、经验以及这些知识经验的获取能力。"选材知识、体能训练知识、专项经验、持续学习能力"四个范畴属于自变量
2	专业技能	训练负荷的控制、技术诊断、计划能力、临场指挥、创新能力、关注细节、收集信息、伤病预防	专业技能即拳击教练员所具备的专项执教能力。"训练负荷的控制、技术诊断、计划能力、创新能力、临场指挥、关注细节、收集信息、伤病预防"八个范畴的因素属于自变量
3	管理技能	影响力、激励、沟通能力、解决问题能力、团队合作、	管理技能即教练员运用知识、技术、流程完成管理任务的能力。"影响力、激励、沟通能力、解决问题能力、团队合作"五个范畴属于自变量
4	人际关系	支持、协作	人际关系即拳击教练员在与人相互交往的过程中所形成的心理关系。"支持、协作"两个范畴属于自变量
5	个人特质	成就动机、竞争性、自我控制、应变能力	个人特质即拳击教练员那些隐性的潜在个体特征。"成就动机、竞争性、自我控制、应变能力"四个范畴属于自变量
6	职业态度	责任心、主动性	专业态度即教练员对拳击所持有的稳定的心理倾向。"责任心、主动性"两个范畴属于自变量

4.3.3 选择编码（三级编码）

三级编码（又称核心式登录或选择式登录，Selective Coding）指的是：在所有已发现的概念类属中经过系统的分析以后选择一个"核心类属"，分析不断地集中到那些与核心类属有关的码号上面。核心类属必须在与其他类属的比较中一再被证明具有统领性，能够将最大多数的研究结果囊括在一个比较宽泛的理论范围之内。就像是一个鱼网的拉线，核心类属可以把所有其他的类属串成一个整体拎起来，起到"提纲挈领"的作用。归纳起来，核心类属应该具有如下特征：1. 核心类属必须在所有类属中占据中心位置，比其他所有的类属都更加集中，与最大数量的类属之间存在意义关联，最有实力成为资料的核心。2. 核心类属必须频繁地出现在资料中，或者说那些表现这个类属的指标必须最大频度地出现在资料中；它应该表现的是一个在资料中反复出现的、比较稳定的现象。3. 核心类属应该很容易地与其他类属发生关联，这些关联不应该是强迫的，应该是很快就可以建立起来的，而且相互之间的关联内容非常丰富。4. 在实质性理论中一个核心类属很容易发展成为一个更具概括性的理论；在发展成为一个形式理论之前，需要对有关资料进行仔细的审查，在尽可能多的实质理论领域进行检测。5. 随着核心类属被分析出来，理论便自然而然地往前发展出来了。6. 由于不断地对核心类属在维度、属性、条件、后果和策略等进行登录，因此其下属类属可能变得十分丰富和复杂，寻找内部变异是扎根理论的一个特点。

在核心登录阶段，研究者应该经常问："这个（些）概念类属可以在什么概括层面上属于一个更大的社会分析类属？在这些概念类属中是否可以概括出一个比较重要的核心？我如何将这些概念类属串起来，组成一个系统的理论构架？"这个时期研究者写的备忘录应该更加集中，针对核心类属的理论整合密度进行分析，目的是对理论进行整合，直至取得理论的饱和和完整性。核心类属被找到以后，可以为下一步进行理论抽样和资料收集提供方向。

核心式登录的具体步骤是：1. 明确资料的故事线；2. 对主类属、

次类属及其属性和维度进行描述；3.检验已经建立的初步假设，填充需要补充或发展的概念类属；4.挑选出核心概念类属；5.在核心类属与其他类属之间建立起系统的联系。如果我们在分析伊始找到了一个以上的核心类属，可以通过不断比较的方法，将相关的类属连接起来，剔除关联不够紧密的类属。

在对范畴和关系类别反复分析基础上，探讨中国拳击教练员胜任力模型成因，根据 Spenser（1993）的"冰山"胜任特征模型结构，将专业知识、专业技能、管理技能划分为显性基准性胜任特征；将职业态度、人际关系、个人特质划分为隐性鉴别性胜任特征；将核心范畴确定为"中国拳击教练员胜任力模型"，按此核心范畴构建模型，如图 4.2 所示。

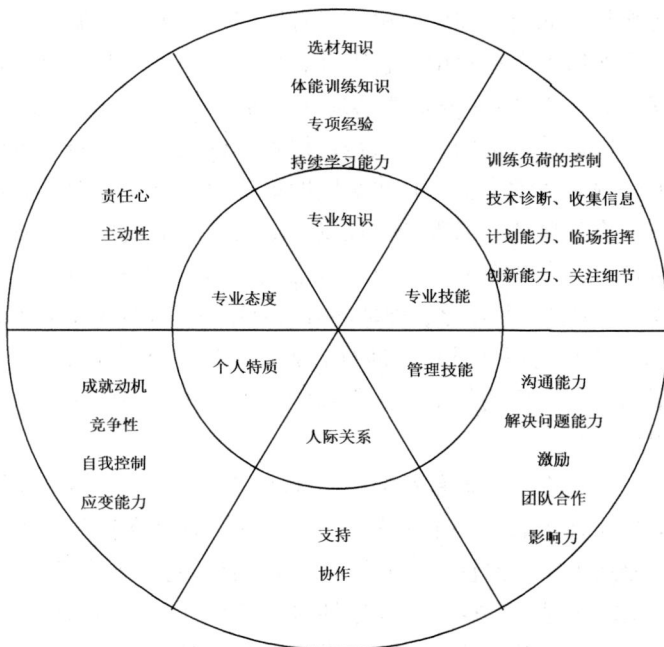

图 4.2 中国拳击教练员胜任力模型

4.3.4 饱和度说明

本研究在完成第 12 位教练员的访谈数据开放编码后，发现已无新概念和关系出现，继续访谈 2 位教练员并做开放编码后，确认理论已经饱和。

4.3.5 理论对比验证

将研究得到因素和相关文献比较，多数因素在以往研究中能找到相应支持，如表 4.4 所示。

1. 在专业知识维度中，优秀拳击教练员所具备的选材知识、体能训练知识、专项经验、持续学习能力在前期文献中找到了验证；在个人特质维度中，优秀拳击教练员所具备的成就动机、竞争性、自我控制、应变能力也找到验证。

2. 在对教练员专业技能和管理技能研究中，学者们过多注重教练员创新能力、临场指挥能力、技术诊断能力、计划能力、训练负荷控制能力、伤病预防能力、沟通等，而忽视教练员收集信息能力、解决问题能力。

3. 在职业态度中，主动性没有找到验证，属于本文创新提出。以往学者注意力集中在研究教练员个体的特质，强调了个体的成就动机与责任心，忽视对于教练员个体职业态度中主动性研究，这是本研究新发现。

4. 本研究首次提出了沟通能力、解决问题能力、激励、团队合作、影响力属于教练员管理技能，而不属于教练员专业技能范畴，是对前期研究成果的突破。

5. 在人际关系维度中支持、协作属于本文新研究，前期胜任力研究中缺失人际关系这一重要维度。因此由个人特质、专业知识、专业技能、管理技能、职业态度、人际关系 6 个维度构成的中国拳击教练员胜任力模型比以往理论可更好解释拳击教练员胜任力。

表 4.4　相关文献比较对理论范畴的验证

编号	范畴	代表性文献比较例证	编号	范畴	代表性文献比较例证
1	选材知识	李继辉（2011）	14	预防伤病	李继辉（2011）
2	体能训练知识	邱芬、姚家新（2009）	15	关注细节	刘鎏（2006）
3	专项经验	李继辉（2011）	16	沟通能力	邱芬、姚家新（2009）
4	持续学习	邱芬、姚家新（2009）	17	团队合作	刘鎏（2006）
5	成就动机	徐玉明（2012）	18	激励	徐玉明（2012）
6	竞争性	尹碧昌（2014）	19	影响力	邱芬，姚家新（2009）
7	自我控制	李继辉（2011）	20	责任心	尹碧昌（2014）
8	应变力	尹碧昌（2014）	21	收集信息	本文新的研究
9	创新能力	邱芬、姚家新（2009）	22	解决问题能力	本文新的研究
10	临场指挥	刘鎏（2006）	23	主动性	本文新的研究
11	技术诊断	潘永生、孙廷旭（2014）	24	支持	本文新的研究
12	计划能力	尹碧昌（2014）	25	协作	本文新的研究
13	训练负荷控制	潘永生、孙廷旭（2014）			

4.4　机制分析

4.4.1拳击教练员需要具有特殊个人特质，在训练比赛管理中所采用的行为模式或行为方式在很大程度上取决于其所拥有某些个人特质的强弱。本研究发现优秀拳击教练员具备较高成就动机、自我控制、应变能力、竞争性四要素。成就动机能够激发拳击教练员工作的热情，使其爱岗敬业。同时由于拳击项目高度对抗性，使得长期从事拳击训练的教练员竞争性增强，拳击比赛千变万化，随时都有意外情况发生，对教练员应变能力提出更高要求，教练员自我情绪控制与稳定也保障与运动员以及其他工作人员的沟通。

4.4.2 拳击教练员专业知识是拳击教练员工作基础和起点，包括运动员选材知识、体能训练知识、专项经验、持续学习四部分。只有具备了扎实专业知识才能科学有效地进行选材，通过访谈得知大多数拳击教练员都是优秀专业运动员出身，退役后从事教练员工作，具有丰富的专项经验以及体能训练知识，但由于拳击竞赛规则修改频繁，拳击竞技水平不断提升，要求教练员不断学习，教练员持续学习也成为提高专业知识的途径和方法。

4.4.3 专业技能指教练员在训练比赛中，利用各种方法手段解决训练比赛中所出现问题的能力。专业技能维度包括训练负荷控制、技术诊断、计划能力、临场指挥、创新能力、关注细节、伤病预防、收集信息八个部分。一名优秀拳击教练员要能够合理安排多年、常年训练计划，制定缜密计划能力，进行训练负荷控制，对于训练中的技术细节进行科学有效的诊断与纠正，并且能够进行技术创新，在比赛中能够灵活机动进行临场指挥，充分发挥聪明才智，做到运筹帷幄。

4.4.4 管理技能指拳击教练员运用知识技术与流程完成训练目标的管理能力。管理技能维度包括教练员影响力、激励、沟通能力、解决问题能力、团队合作五个部分。在拳击训练中教练员与运动员建立与发展关系，通过沟通与交流调动运动员训练积极性，充分发挥教练员主导性和运动员训练主体性。及时有效发现训练中存在问题并解决问题，对于提高训练效果、和运动成绩至关重要。在拳击训练中教练员对于运动员激励，以及教练员影响力会对运动员产生潜移默化影响，同时相信团队成员并促进合作成为了现代竞技体育发展方向。

4.4.5 人际关系指拳击教练员在训练、比赛、管理工作中能有效地建立和维护与运动员、行业同仁及上级行政领导等之间的合作关系。

人际关系包括支持和协作。领导支持包括政策、经费、场地、器械、后勤保障等对于项目发展具有导向性作用。协作包括教练组之间、教练员与医务人员、科研人员、裁判员、后勤人员等协作，现代竞技项目发展要求资源整合、平台整合与系统整合，因而协作共赢尤为重要。

4.4.6 拳击教练员职业态度是其自身对所担任的教练员职业角色所持有的评价和行为倾向。职业态度包括主动性、责任心。教练员怎样看待对待工作、怎样看待对待运动员以及对拳击事业态度包含认知、情感、行为三部分。通过访谈优秀拳击教练员都表现出了对于拳击事业热爱，对于人生价值追求以及为国争光荣誉感。

4.5 讨论与建议

通过机制分析表明本研究所构建的中国拳击教练员胜任力模型能充分反映拳击教练员职业特征，同时是一个多维的、具有内部关系的胜任力模型。该模型机理见图2，是以"个人特质"为起点，它是专业技能、专业知识、职业态度、管理技能、人际关系的发生点。在实际训练工作中，拳击教练员只有具备了与实际工作环境相适应的个人特质，才能更好地完成训练比赛工作。专业知识、职业态度是拳击教练员个人特质转化为专业技能的中间环节。人际关系、管理技能使得拳击教练员与其训练工作环境及运动员间良好共处关系得以实现，具有共协作用。个人特质、专业知识、职业态度、管理技能、人际关系最后都作用在专业技能这一点。专业知识、职业态度的发展可以很好地通过迁移转化为执教技能；人际关系、管理技能与专业技能发生共协作用，有助于拳击教练员实现较高工作绩效。

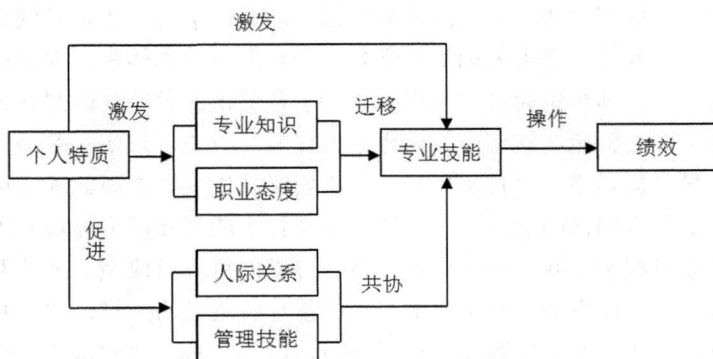

图4.3 拳击教练员胜任力模型及其维度关系

基于拳击教练员的职业特征、工作内容对中国拳击教练员胜任力六个维度讨论如下：

4.5.1 根据构建出的中国拳击教练员胜任力模型中的拳击教练员的个人特质，针对性地加强教对教练员成就动机的引导、工作责任心的强化以及自我控制能力能够调动教练员的内源动力，激发工作热情，起到源头激活作用。

4.5.2 专业知识是教练员从事拳击专业教学训练的根本和基础，从模型中可以看出专业知识维度由专业选材知识、体能训练知识、专项经验与持续学习四部分构成。所访谈的优秀拳击教练员群体多数都是优秀运动员退役转行做教练员，他们专业技能突出，相对理论知识缺乏，因而加强专业理论知识的学习能够有效地弥补理论素养的匮乏，同时由于拳击技术的飞速发展，教练员接受新鲜事物的能力要提高加强，学习新规则新技术，理论与实践相结合，因此持续学习至关重要。

4.5.3 专业技能是教练员直接应用到拳击训练教学的能力，从胜任模型上看，专业技能维度主要包执教理念、关注细节、收集信息、洞察力、区别对待、临场指挥、技术诊断、计划能力、训练负荷的控制、伤病预防、创新能力十一部分组成。拳击教练员在整个运动训练过程中占主导地位，因此教练员的执教理念属于整个训练体系的顶层设计，因材施教，区别对待，最大限度地挖掘运动员的潜力，决定着训练的先进性与有效性。拳击的训练教学是一个长期系统的体系，因此训练计划的制定，训练负荷量与强度的控制非常关键，教练员的洞察力对于保持运动员的竞技状态与技术水平的提升具有重要影响。拳击属于技能主导类同场格斗对抗类项目，由于属于技能主导，因此教练员对于运动员技术的诊断能力、关注细节以及技术的创新能力显得尤为关键，运动员技术细腻，打法新颖，往往可以取得优异成绩。随着拳击竞技水平的飞速发展，对于比赛对手的信息收集尤为关键，知己知彼才能百战不殆。拳击比赛属于交手项目，两人对抗，单败淘汰，比赛残酷且激烈，当运动员双方实力想当时，教练员的临场指挥可以有效地控制比赛节奏，成为赢得比赛的关键。

4.5.4 管理技能是在运动训练过程中教练员对运动运的管理能力，从胜任力模型上看，管理技能包括沟通能力、解决问题能力、激励、团队合作、影响力五部分组成。教练员的工作群体是运动员，因而要与运动员建立与发展关系，形成共容环境，才能有效地进行训练工作。教练员与运动员的沟通方式，沟通能力相当重要，有效的沟通交流与反馈可以起到事半功倍的效果。在长期的训练中，教练员对于运动员的激励可以有效地提高运动员的训练热情与主动性，教练员的言传身教潜移默化的影响运动员，教练员的影响力关系到训练计划的落实与执行，直接的影响训练效果。在访谈过程中多位教练提到了队医、领队、教练的合作，相信团队成员，促进合作，发挥团队已成为现代竞技体育发展的趋势。在保障拳击训练教学过程中，对于发现的问题与情况，教练员的解决问题能力对于稳定军心，保持团体精神风貌，取得优异运动成绩至关重要。

4.5.5 人际关系是指教练员与人在相互交往过程中所形成的心理关系。从胜任力模型上来看包括支持和协作。教练员妥善处理与分管领导的关系能够有效地争取政策、经费、场地等的支持，同时与裁判员、科研人员、医务人员、后勤人员保持良好的人际关系对于项目的发展尤为重要。

4.5.6 专业态度是指拳击教练员对拳击所持有的稳定的心理倾向。这种心理倾向蕴含着个体的主观评价以及由此产生的行为倾向性。从胜任力模型上看包括主动性、责任心两部分构成。拳击教练员对于拳击工作、对于拳击运动员的情感态度，由此而激发的对于拳击事业的认知，对于教练的态度行为影响重大。教练员对于拳击训练工作的主动性和责任心同时会潜移默化的影响运动员，使运动员能够自觉地完成训练计划，同时教练员的主导地位得到彰显，运动员的主体地位得到突出。访谈中优秀拳击教练员均表现出了对于拳击事业的热爱以及集体荣誉感。

4.6　结论

4.6.1 通过开放编码、主轴编码和选择编码建构了中国拳击教练员胜任力模型，首次提出中国拳击教练员胜任力模型是由个人特质、职业态度、专业知识、专业技能、管理技能、人际关系六维度组成的立体综合模型。

4.6.2 中国拳击教练员胜任力模型具备 25 个胜任范畴为：专项经验、体能训练知识、临场指挥、沟通能力、成就动机、应变能力、选材知识、训练负荷的控制、计划能力、责任心、持续学习、竞争性、技术诊断、自我控制、解决问题能力、伤病预防、创新能力、影响力、团队合作、关注细节、主动性、支持、协作、收集信息、激励。

4.6.3 通过开放编码、主轴编码把 25 个范畴归纳为个人特质、职业态度、专业知识、专业技能、管理技能、人际关系六个维度。专业知识维度包括体能训练知识、选材知识、专项经验、持续学习能力。专业技能维度包括创新能力、计划能力、技术诊断、关注细节、训练负荷的控制、收集信息、临场指挥、伤病预防。管理技能维度包括沟通能力、激励、影响力、解决问题能力、团队合作。职业态度维度包括主动性、责任心。人际关系维度包括支持、协作。

4.6.4 通过扎根理论质性研究方法建构的中国拳击教练员胜任力模型与之前建构的胜任力模型维度和结构一致，证明了中国拳击教练员胜任力模型的科学性和有效性。

4.7 建议

4.7.1 构建的拳击教练员模型以及具体指标体系可明确拳击教练员核心素质，有针对性进行评价、培训与评估，有效提高拳击教练员整体胜任能力，对拳击竞技水平提高具有重要理论与实践意义。

4.7.2 使用质性分析构建我国拳击教练员胜任力理论体系，是一个新的尝试。由于没有将因素进行量化分析，因此无法明确单个自变量多大程度上解释因变量变化，故研究结论还需后续进行指标量化，进行相应实证研究，明确各因素变动影响和验证研究结果可推广性。

4.8 本章小结

一、扎根理论研究法来源于实践，不从现有的理论和研究结果出发，避免受到现有研究思路和结论的影响。遵从实际实践，从现实现象出发，进行理论构建，强调理论的饱和度，运用扎根理论构建拳击教练员胜任力模型验证之前建构的中国拳击教练员胜任力模型。

二、首先对中国教练员胜任力的相关研究文献进行梳理，以此为基础构建起初步的半结构化访谈框架；其次，开展访谈并进行开放编码和选择性编码，确定核心范畴；然后，在核心范畴的基础上确定各范畴之间的关系，完成模型构建，并与相关的研究文献进行对话；最后，讨论模型对于中国拳击教练员的启示以及未来继续研究的方向。

三、通过扎根理论质性研究范式和流程建构的中国拳击教练员胜任力模型与之前建构的胜任力模型维度和结构一致，验证了模型的科学性和有效性。

第五章 中国拳击教练员胜任力
与绩效关系实证研究

本研究以拳击教练员工作绩效为胜任力效标进一步验证拳击教练员胜任力模型的有效性。自胜任力理论诞生以来便与绩效这一概念存在着密切关系，在本研究之前关于胜任力概念讨论的论述中可以看到绩效和胜任力之间有密不可分的关系。自 McCelland 提出以"测量胜任力而不是智力"来预测绩效以来，后续研究者的研究成果在实践上逐渐证明了个体胜任力比传统智力测验能更好预测被试者工作绩效。Silzer（2006）认为胜任力就是决定被试者工作绩效而具有的内在且持久的相关品质和特征。McLagan（1980）还认为胜任力还可以促进个人及组织绩效，可以将胜任力模型作为在招聘、选拔、培训、个人发展等相关方面的有效工具。Spencer 认为胜任力能导致或预测行为与绩效，动机等个人特质会影响行为的表现，从而进一步影响工作绩效的好坏，其流程模式如图 5.1 所示。

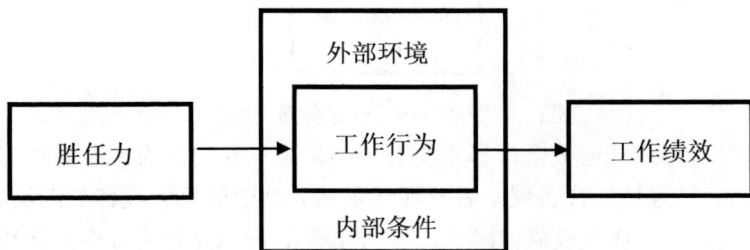

图 5.1 胜任力与绩效的因果流程

王重鸣、陈民科（2002）研究认为胜任力与具体任务情景相联系，

139

在人事评价、个体能力等方面都应该把个体特征与岗位要求、工作绩效等方面联系起来，在特定工作情景中去评价个体胜任力。为了更好地研究拳击教练员胜任力，本研究有必要对拳击教练员工作绩效进行阐述和说明。以拳击教练员工作绩效为胜任力效标进行效标关联效度分析，验证拳击教练员胜任力模型对其绩效预测作用。

鉴于此，本章两个研究假设：

H1：中国拳击教练员胜任力与其工作绩效间存在相关关系；

H2：中国不同拳击教练员胜任力水平存在差异。

5.1. 绩效概念与内涵

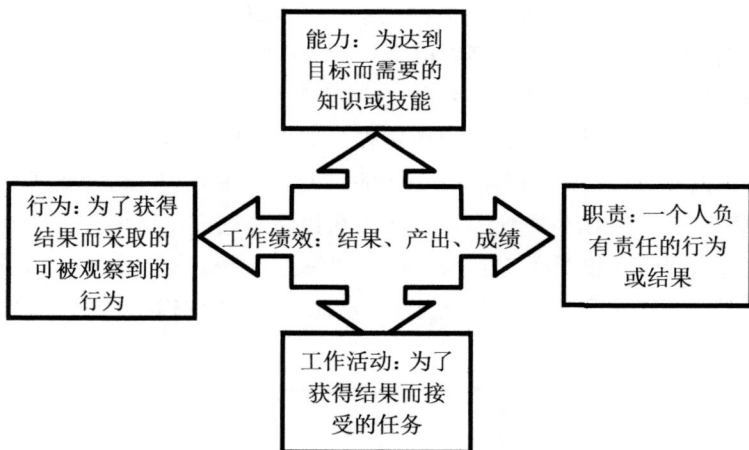

图 5.2 罗斯维尔工作绩效概念模型

目前对绩效的概念诠释主要有"结果说"和"行为说"两种主要观点。"结果说"代表性学者罗斯维尔认为绩效就是完成任务的结果，绩效与产出、成果或成就同义。"结果说"这种以结果为导向对教练员工作绩效进行评估时，主要受到其能力、职责、工作活动、行为等方面影响，具体如图 5.2 所示。

以工作目标为导向的绩效概念诠释是一个合理的解释，但是由于绩效受很多因素影响，并且有些因素可能不是由行为主体所能控制的，因此，以结果为导向来定义绩效概念受到了质疑。于是就有学者提出了绩效行为观点，认为绩效是一套与组织或个人的工作目标相关的行为。对于绩效行为的观点，研究学者Campbell（2005）认为绩效不是结果或产出，而是一种行为，是人们实际所做的，与组织目标相关的，并且可以按照个体能力进行测量相关行为或行动。

由绩效两种观点对比可见，"结果说"强调的是个体"做了什么"，而"行为说"则强调在完成任务或者实现目标的过程中个体"怎么做"，因此Silzer R F（2006）认为将工作绩效定义为结果和行为的综合。在现代人力资源管理实践活动中，绩效也通常被看作是"结果和行为的综合体"。Rotundo & Sackett（2002）认为将绩效界定为"结果＋行为"很有意义，因为这样不但能更好地解释实际现象，而且具有一个相对宽泛定义也往往能使绩效更容易被接受。因此以结果和产生绩效的行为为导向来考察拳击教练员个人绩效是相对科学、严谨的。

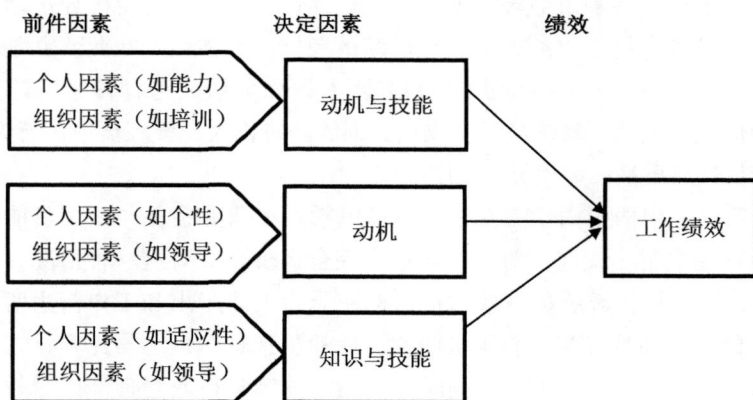

图5.3 影响个体绩效的前件因素和决定因素

以往研究认为，影响绩效的主要因素是内在个人特质和外在工作环境两方面。McLagan（1980）研究认为影响绩效的决定因素主要有陈述性知识、程序性知识以及技能和动机；前件因素主要包括个人特质、以前学习经验以及二者之间的交互作用。学者们在对绩效结构区分与对绩效影响方式区分基础上，提出有关个体绩效影响因素的设想（如图5.3）。因此在实际绩效管理实践活动中，研究者通常会根据研究评价目的和被评价对象的不同，而选择不同评价指标和有效的评价方法，对工作绩效进行合理的评价。

5.2 拳击教练员绩效及其评价指标

在国外，研究者主要是用人力资源管理的相关理论将教练员与体育管理者看作一体来进行绩效考核。Macleanand 和 Chelladurai 研究认为体育教练员绩效考核内容应包括产出和提高行为两个部分，产出主要指运动成绩，对教练员绩效考核时注重运动成绩取得非常必要。但是如果仅仅注重运动成绩，而忽视影响运动成绩的环境因素进行绩效考核，会造成对教练员工作评价有失偏颇，因此其将选拔运动员、处理训练工作中各种事务等有助于实现运动训练目标，取得优异运动成绩等关键管理行为也纳入了教练员绩效考核内容体系。在此研究基础上，美国学者 George·Band（2003）认为教练员绩效考评体系其应由运动员比赛成绩、教练员学术成绩、训练经费投入、教练员道德行为、运动员选材质量、运动员满意度组成。

目前，中国国内学者对于教练员绩效考核研究往往与教练员能力评价存在混淆，倾向于对教练员进行综合评价。针对这一种情况，李波（2005）认为教练员绩效考核指标应分为工作产出和工作行为两大类，包括运动员成绩、教练员职称、运动员选材、训练与比赛、管理行为、公共关系六个方面。同时在中国国内体育行政管理部门对教练员实际考核方式则主要参照中国传统的单位人事考评方法，对教练员的"德、能、勤、绩"等方面内容进行综合考核，多以定性判断为主，比较笼统，相对缺少客观化、定量化考核指标。这也是体育教练员人力资源管理实践中一直以来面临的亟待解决的问题。

鉴于当前学术界对绩效的认知还存在一定分歧及中国体育教练员绩效考核现状。本研究在对拳击教练员绩效研究时，更倾向于将其绩效界定为拳击教练员在完成特定训练任务的过程中所产生的结果以及促进其达成任务目标的相关行为。拳击教练员胜任力必然要与其工作绩效紧密联系在一起，对拳击教练员进行合理的绩效考核不但有利于提高拳击教练员的执教水平，而且对中国拳击运动发展有着积极作用。本研究在借鉴以往研究经验并综合考虑本论文研究对象的特殊性基础上，采用任静（2005）关键绩效指标（KPI）对拳击教练员绩效进行考评。KPI 两个基本特征是定量化和行为化，所选取指标不但要具有较高的清晰度，因此，胡佐（2003）提出 KPI 确定的 SMART 原则明确：性、衡量性、可实现性、实际性、时限性，在研究实践中选择 3-5 个最能反映具体岗位要求的 KPI 进行考评。

鉴于当前拳击教练员绩效考核指标无统一标准，本研究在对拳击教练员的绩效评价体系研究时，将拳击教练员绩效分为"工作产出"及"工作行为"两个主要方面，其中"工作产出"为拳击教练员关键绩效指标，在整个拳击教练员绩效指标体系中权重为 74%-82%，而工作行为的权重为 18%-26%。本研究将以"工作产出"作为拳击教练员的关键绩效指标（KPI）进行评价。而拳击教练员的关键绩效主要分为所培养运动员数量、运动员的运动成绩、教练员职称和执教年限四个方面，即拳击教练员的关键绩效 = 培养运动员数量 × 数量权重 + 运动员运动成绩 × 成绩权重 + 教练员职称 × 职称权重 + 教练员执教年限 × 年限权重（培养运运动数量权重、成绩权重、职称权重、年限权重之和为 100%）。本研究拟采用拳击教练员绩效"工作产出"中培养运动员数量、运动员成绩、职称、执教年限的权重，它们分别是：

一、专业队拳击教练员：运动成绩为 60%；教练员职称为 11%；培养运动员数量为 20%；执教年限为 9%。

二、基层拳击教练员：运动成绩为 56%；教练员职称为 7%；培养运动员数量为 28%；执教年限为 9%。

拳击教练员的职称可通过教练员等级进行计分，拳击教练员培养运动员以其数量进行计分，比赛成绩计算方式是通过该表拳击运动员比赛名次得分进行处理，执教年限以其执教年限段划分得分，然后将其转化为百分制的分数得到实际分数，从而计算出拳击教练员绩效。

5.3 拳击教练员胜任力与工作绩效实证效度检验

为使本研究开发的拳击教练员胜任力模型发挥有效的现实作用，需要进一步探讨拳击教练员胜任力对其工作绩效所产生的影响，因此，本研究拟以拳击教练员工作绩效为效标对其进行实证效度检验，以探讨拳击教练员胜任力模型外部效度。如果拳击教练员胜任力模型各维度能够将绩优教练员与普通教练员区分开来，就能说明所构建的拳击教练员胜任力模型有较高的预测效度。

表 5.1　绩优组与普通组胜任力 t 检验结果（注 *p ≤ 0.01）

名称		平均数	标准差	t 值
胜任力	绩优组	4.45	0.17	16.43*
	普通组	3.92	0.14	
专业技能	绩优组	4.62	0.39	5.54*
	普通组	4.14	0.41	
管理技能	绩优组	4.76	0.33	7，79*
	普通组	3.94	0.43	
专业知识	绩优组	4.56	0.14	7.42*
	普通组	3.75	0，16	
个人特质	绩优组	4.21	0.29	3.35*
	普通组	3.66	0.35	
人际关系	绩优组	4.17	0.22	3.82*
	普通组	3.45	0.28	

名称		平均数	标准差	t 值
职业态度	绩优组	4.07	0.36	4.88*
	普通组	3.64	0.21	

　　本研究采用检验绩优组和普通组间、普通组和绩劣组间拳击教练员在胜任力测量中各维度得分的区分度，考察拳击教练员胜任力与个人绩效效标关联效度。根据以往研究经验，选取绩效得分超过平均分一个正标准差以上的被试数据者共 35 名拳击教练员作为绩优组；选取绩效得分为平均数至平均数一个标准差以内的被试者共 136 名拳击教练员作为普通组；选取绩效得分低于平均数一个标准差以下的被试者共 44 名拳击教练员作为绩劣组。对拳击教练员绩优组和普通组、普通组和绩劣组胜任力数据使用 SPSS17.0 统计软件进行独立样本 t 检验。从表 5.1 看出，绩优组与普通组拳击教练员间在胜任力及所属六个维度上均存在显著性差异（$p \leq 0.01$）；从表 4.2 看出，普通组和绩劣组拳击教练员间在胜任力及所属六个维度上也存在显著性差异（$p \leq 0.01$）。

表 5.2　普通组与绩劣组胜任力 t 检验结果（注 *$p \leq 0.01$）

名称		平均数	标准差	t 值
胜任力	普通组	3.92	0.14	16.44*
	绩劣组	3.53	0.16	
专业技能	普通组	4.14	0.41	5.55*
	绩劣组	3.76	0.23	
管理技能	普通组	3.94	0.43	9.80*
	绩劣组	3.55	0.34	
专业知识	普通组	3.75	0，16	7.42*
	绩劣组	3.44	0.21	
个人特质	普通组	3.66	0.35	3.82*
	绩劣组	3.37	0.02	

名称		平均数	标准差	t 值
人际关系	普通组	3.45	0.28	3.35*
	绩劣组	3.21	0.12	
职业态度	普通组	3.64	0.21	4.88*
	绩劣组	3.16	0.14	

说明将专业技能、管理技能、专业知识、个人特质、人际关系、职业态度作为拳击教练员胜任力构成维度假设成立。本研究所构建的拳击教练员胜任力模型有较强区分度，能有效区分绩优组与普通组、普通组与绩劣组拳击教练员。由此可见，高绩效拳击教练员胜任力优于普通绩效拳击教练员，高绩效与普通绩效拳击教练员胜任力存在差异，也说明拳击教练员胜任力模型能对高绩效拳击教练员和普通绩效拳击教练员有效区分，同时也说明本研究所构建的拳击教练员胜任力模型是基于绩效效标的，发展拳击教练员胜任力对于提高其绩效具有重要作用。

5.4 不同拳击教练员胜任力水平的比较分析

表 5.3　不同拳击教练员胜任力描述性统计结果（均值 ± 标准差）

项目	内容	专业技能	管理技能	专业知识	个人特质	人际关系	职业态度
性别	男	4.05±.82	4.37±.67	4.20±.54	3.83±.60	3.78±.69	3.93±.63
	女	3.88±.63	3.72±.67	4.16±.47	3.44±.62	3.36±.64	3.76±.58
工作环境	专业队	4.26±.65	3.93±.59	4.36±.44	3.67±.63	3.86±.74	4.11±.54
	基层队	3.58±.71	3.75±.70	3.94±.47	3.43±.52	3.44±.70	3.92±.55

项目	内容	专业技能	管理技能	专业知识	个人特质	人际关系	职业态度
执教年限	10年以上	4.25 ± .67	3.91 ± .42	4.17 ± .45	3.63 ± .59	3.91 ± .73	4.04 ± .63
	10年以下	3.59 ± .70	3.75 ± .67	3.96 ± .44	3.48 ± .61	3.37 ± .70	3.81 ± .50
最终学历	中专及以下	3.79 ± .68	3.80 ± .71	3.46 ± .44	3.48 ± .62	3.47 ± .68	3.62 ± .55
	本科及以上	4.02 ± .56	3.96 ± .56	4.45 ± .42	3.70 ± .55	3.68 ± .78	3.85 ± .56
教练职称	初、中级	3.81 ± .90	3.61 ± .73	4.04 ± .57	3.35 ± .61	3.23 ± .72	3.71 ± .65
	高级、国家级	4.46 ± .66	3.84 ± .62	4.26 ± .46	3.81 ± .59	3.84 ± .68	3.94 ± .58

　　为对不同拳击教练员胜任特征差异性进行比较，使用 SPSS17.0 对所得到的拳击教练员胜任力及绩效数据结果采用单因素方差分析法进行对比分析，评估拳击教练员胜任力水平及特点。研究依据拳击教练员实际工作环境状况，将其划分为专业队拳击教练员和基层拳击教练员两类；拳击教练员个体特征上以性别、执教年限、教练员级别、最终学历，分别将拳击教练员执教年限分为十年以上和十年以下两个时间段，将拳击教练员学历归为中专以下学历和本科以上学历两项，将拳击教练员职称分为初中级职称和高（国家）级职称两项。所有被试者在拳击教练员胜任力问卷的各份问卷总分的描述性统计结果（见表 5.3）。使用单因素方差分析得到的具有不同个体特征的拳击教练员在胜任力六维度上的差异结果（见表 5.4）。

表 5.4　不同拳击教练员胜任力各维度差异性分析（注 *p ≤ 0.01）

	专业技能	管理技能	专业知识	个人特质	人际关系	职业态度
性别	0.96	4.53*	0.00	2.60*	2.82*	0.96
工作环境	4.75*	1.04	2.82*	1.48	2.83*	1.11
执教年限	4.60*	0.89	1.26	0.82	3.71*	1.41
最终学历	1.41	0.89	7.05*	1.34	1.26	1.41
教练职称	4.53*	1.41	1.34	3.12*	4.23*	1.41

从表 5.3 和表 5.4 的统计结果可以看出：

一、拳击教练员胜任力单维度方差分析结果表明：男性拳击教练员与女性拳击教练员在专业技能、专业知识、职业态度维度不存在显著差异，只是在管理技能、个人特质、人际关系三个维度存在男性拳击教练员与女性拳击教练员的显著性差异，即男性拳击教练员的分数要显著地高于女性拳击教练员。

造成管理技能、个人特质、人际关系三维度上男性拳击教练员高于女性拳击教练员的原因，可能是由于受中国社会儒家传统思想、传统观念及中国社会女性普遍个性特点所造成的。虽然随着中国社会的进步与发展，女性地位得到很大提升，但是"男尊女卑"的传统儒家思想的影响仍然存在，现代中国社会女性在工作中仍然受到歧视，导致女性拳击教练员在训练比赛工作中人际关系网匮乏，所得到的"人脉"支持与协作不够，另外由于受到女性自身内敛、含蓄及不善社交的个性特点导致女性拳击教练员在沟通、激励等管理技能，竞争性和应变力等个人特质不够鲜明、突出。

二、专业队拳击教练员与基层队拳击教练员在管理技能、个人特质、职业态度这三个维度上没有显著性差异。而在专业技能、专业知识、人际关系三个维度上，专业队拳击教练员和基层队拳击教练员存在差异性。

　　基层队拳击教练员与专业队拳击教练员在专业技能方面存在差异，这可能由于各自所处的训练、比赛的工作环境不同有关。专业队拳击教练员需要关注国内外拳击运动的发展现状和竞技格局，以确立与世界拳击运动发展实际相符合的执教理念，结合自身及训练对象的实际状况，创新拳击的技战术，提高竞技水平。由于专业队拳击教练员所带队员多参与高层次的拳击竞赛，随着执教经验的积累及比赛要求的提高，需要主动去获取与比赛及对手相关的信息做到知己知彼，因此在训练计划制定、训练负荷调控，临场应变等专业技能要优于训练和比赛层次较低的基层队拳击教练员。尤其是在拳击运动技战术创新能力上，专业队拳击教练员要比基层队拳击教练员更具创造力，专业队拳击运动员水平更高，所面对的竞技对手更强，需要有敏锐的洞察力，关注运动员、训练、比赛、恢复的具体细节，具备较强的创新能力，只有这样，才能在高层次的拳击竞技比赛中占得先机，赢得比赛胜利。基层队拳击教练员工作重点主要是以培养拳击运动员基本技战术及备战级别相对较低的拳击比赛为主，因此在训练计划把控、运动员伤病预防等方面就有所欠缺。

　　基层队拳击教练员与专业队拳击教练员在专业知识方面的差异性，其原因可能是由于所处训练环境、训练对象水平要求不同。专业队拳击教练员比基层拳击教练员具有更强的专项经验和科学性知识。另外，基层队拳击教练员与专业队拳击教练员由于所处的与训练、比赛工作环境不同，还造成了基层队拳击教练员接受的继续教育及获取知识渠道方面与专业队拳击教练员存在差异。

　　在人际关系方面，基层队拳击教练员与专业队拳击教练员存在差异性。这可能是由于基层队拳击运动员与专业队拳击运动员在年龄上的差异，造成其行为意识、思想状态、社会对其影响相对复杂，所以要求专业队拳击教练员要善于处理与队员的关系；另外由于基层队拳击教练员所处的工作环境相对简单，所以其人际关系处理相对容易，而专业队拳击教练员由于所处的工作环境涉及到训练、比赛、恢复、后勤、利益分配、成绩指标任务等方面，所以专业队拳击教练员在与运动员、服务人员、教练组、上级领导等人际关系的建立与处理能力显得较为重要。

三、具有不同执教年限的拳击教练员在管理技能、专业知识、个人特质、职业态度四个维度上不存在显著性差异，只是在专业技能和人际关系方面上存在差异。这是因为专业技能需要拳击教练员实际训练、管理工作中长期学习和积累才能获得，这一统计结果也说明了，年轻拳击教练员在发挥自身接受新知识、新事物、创新能力较强的优势的同时，更应该在训练、比赛工作中不断积累与训练、比赛相关的实践经验，发挥自身年轻、上进，具有主动学习的能力优势，弥补自身在训练、比赛中实际经验上不足的劣势。

另外，在人际关系方面，不同执教年限的拳击教练员也存在差异性。执教年限较长的拳击教练员由于在长时间的训练、比赛及工作中建立了广泛的"人脉"，因此在自身拳击教练员职业工作中处理与运动员选材、训练、比赛相关的人、财、物等关系的能力要优于年轻教练员。

因此针对不同执教年限的拳击教练员，中国体育行政管理部门应在拳击教练员培训或管理实践中，注重加强新、老拳击教练员的交流、学习，增进拳击教练员沟通；有计划地选拔、培养一批具有发展前途的年轻拳击教练员，努力为其营造促进其发展的专业技能环境和人际关系环境。

四、具有不同学历的拳击教练员在专业技能、管理技能、个人特质、人际关系、职业态度等维度上不存在显著性差异，只是在专业知识维度方面存在显著性差异，拥有本科以上学历的拳击教练员的分数要显著高于大、中专学历的拳击教练员。

由于本科以上学历拳击教练员受到过系统的拳击运动知识、教育学、体育管理学、运动心理学、运动员选材学等方面知识的系统教育，因此在拳击运动及体育理论性知识方面要优于低学历的拳击教练员。同时由此统计结果还可以看出，针对中国当前拳击教练员多为拳击运动员转型而来，理论水平、学历层次普遍偏低的现实状况，中国体育行政管理部门应加强拳击教练员的教育和培训，逐步提高拳击教练员的理论知识水平和学历水平，这样不但可以成为构建中国拳击教练员教育培养体系的重要一环，而且还可以从整体上有效地改善和丰富中国拳击教练员的知识结构，使由拳击运动员转型而来的拳击教练员成为具有丰富的专项实践性经验知识和理论性知识于一体的高水平拳击教练员。

五、初级、中级和高级拳击教练员在管理技能、专业知识、职业态度这三个维度上不存在显著差异，而在专业技能、个人特质、人际关系三个维度存在显著性差异，即高级拳击教练员在专业技能、人际关系、个人特质的分数上要高于初、中级拳击教练员。二者在专业技能维度总体表现有所差异，其原因是拳击运动员训练工作是一项体育运动理论与拳击训练实践结合很紧密的实践活动，在这一活动中，需要将科学理论知识和具体运动训练过程相结合，针对训练活动中运动员出现的不同情况，采取不同的训练方法、手段。高级拳击教练员一般执教年限较长、执教实践经验丰富，国内外拳击运动领域所接触到的行业人士广泛，具有良好的人际关系网，能较好处理运动员训练、生活、思想方面的问题。因此在专业技能、人际关系维度的胜任力指标要优于初、中级拳击教练员。

就个人特质而言，这一维度是驱使拳击教练员工作并获得成功的内部动力。从中国国内现实情况来看，在激烈竞争的社会大环境下，拳击教练员职称可以说是其职业成功的标志之一，这一指标可以深究到高级与初、中级拳击教练员在成就动机、竞争性等个性特质上的差异性。

5.5 本章小结

一、由于当前拳击教练员绩效考核指标无统一标准，本研究将以"工作产出"作为拳击教练员的关键绩效指标（KPI）进行评价。而拳击教练员的关键绩效主要分为所培养运动员数量、运动员的运动成绩、教练员职称和执教年限四个方面。

二、胜任力是用来区别高绩效者与普通绩效者二者之间一系列行为特征。本章研究的结果表明所构建的中国拳击教练员胜任力模型是基于绩效效标的，可以对拳击教练员高绩效者和普通绩效者进行有效区分，说明了提高中国拳击教练员胜任力水平是提高其工作绩效的重要途径。

三、中国拳击教练员在胜任力模型不同维度上存在一些水平差异。在管理技能、个人特质、人际关系三个维度上男性拳击教练员与女性拳击教练员具有显著性差异，男性优于女性；专业队拳击教练员与基层队拳击教练员在专业技能、专业知识、人际关系三个维度上存在差异性，前者优于后者；具有不同执教年限拳击教练员在专业技能和人际关系方面上存在差异，执教年限长的要高于执教年限短的；具有不同学历拳击教练员在专业知识维度方面存在显著性差异，拥有本科以上学历的拳击教练员的分数要显著高于大、中专学历的拳击教练员；初级、中级和高级拳击教练员在专业技能、个人特质、人际关系三个维度上存在显著性差异，即高级或国家级拳击教练员在专业技能、人际关系、个人特质的分数上要高于初级、中级拳击教练员。

第六章　中国拳击教练员胜任力
模型特征及应用分析

本章研究假设：中国拳击教练员胜任力模型特征及结构与其他体育胜任力模型相比具有独特结构。

6.1 中国拳击教练员胜任力模型特征分析

通过对拳击教练员胜任力问卷有效数据进行探索性因素分析，提取出清晰的拳击教练员六维度结构模型，再对模型进行验证性因素分析的基础上，得到包括专业技能、管理技能、专业知识、个人特质、人际关系、职业态度的拳击教练员胜任力六个维度。拳击教练员胜任力探索性因素分析与验证性因素分析结果与拳击教练员胜任力理论模型结构相一致，表明本研究所构建的中国拳击教练员胜任力模型是一个多维的，具有内部关系的，能充分反映拳击教练员职业特征及当前中国竞技体育工作环境要求的综合性胜任力模型。该模型是以"个人特质"为起点，它是专业技能、专业知识、职业态度、管理技能、人际关系的发生点。在实际训练工作中，拳击教练员只有具备了与实际工作环境相适应的个人特质，才能更好地完成训练、管理工作。拳击教练员个人特质这种在训练、管理活动中所表现出的规律性行为可通过测量工具加以度量。

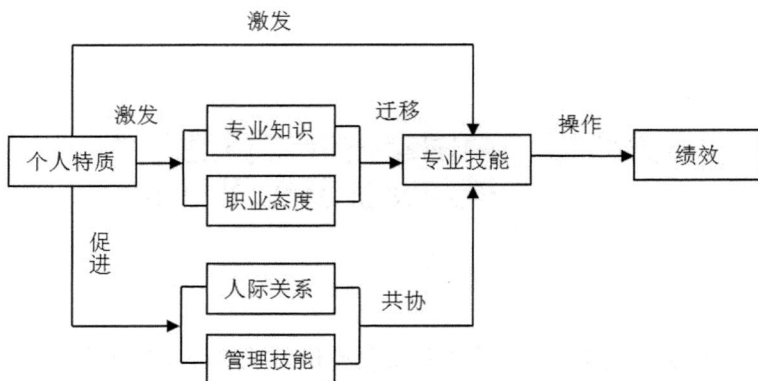

图6.1 拳击教练员胜任力模型及其维度关系

专业知识、职业态度是拳击教练员个人特质转化为专业技能的中间环节。人际关系、管理技能使得拳击教练员与其训练工作环境及运动员间良好共处关系得以实现，具有共协作用。个人特质、专业知识、职业态度、管理技能、人际关系最后都作用在专业技能这一点。专业知识、职业态度的发展可以很好地通过迁移转化为执教技能；人际关系、管理技能与专业技能发生共协作用，有助于拳击教练员实现较高工作绩效。通过拳击教练员胜任力模型的内部关系图可以看出，虽然个人特质、专业知识、人际关系等胜任特征都非常重要，但它们只与拳击教练员工作绩效存在间接关系，都需要通过专业技能转化成对绩效产生效应，专业技能与拳击教练员绩效发生着直接关系。

在拳击教练员胜任力模型的六个维度中，某些胜任特征可以通过组织的培训、教育来发展和提高，例如专业技能、专业知识、管理技能，但对于个人特质维度中某些深层次特征就不易改变。基于拳击教练员的职业特征、工作内容以及关键事件访谈结果，对中国拳击教练员胜任力六个维度阐释如下：

6.1.1 专业技能

专业技能是指教练员在训练、比赛活动中，利用各种方法、手段解决训练、比赛中所出现问题的行为能力或自身实际操作能力。教练员专业技能表现为以提升运动员竞技能力状态为目标导向的行为，是其胜任力的外在表现，也是衡量其执教水平的客观标准。

良好的专业技能是取得理想训练效果的保证，教练员需要根据运动训练的客观规律对具体的训练情况做出正确的分析、计划、预判和处置，选择有效的训练方法、手段来到达训练目标的实现。通过分析可以看出，体现拳击教练员专业技能的胜任特征有训练负荷控制、计划能力、临场指挥、创新能力、关注细节、技术诊断、收集信息、伤病预防 8 方面的相关专业内容，涵盖了拳击教练员胜任力正式问卷中的 21 个测验题项（题项 1 至题项 21），因此，可以从这八个方面对拳击教练员的专业技能进行描述。

第一，拳击教练员在训练负荷控制方面的行为特征。拳击运动属于技能主导类格斗对抗性项目，其训练效应受施加的训练负荷强度和负荷量影响。运动训练的生理学本质就是通过对机体施加有效训练负荷刺激，从而引起机体的生理机理发生一系列改变，合理训练负荷能使运动员机体产生适宜反应，促进运动员竞技能力提高，训练负荷过小不能对运动员机体产生有效刺激，起不到训练效果；而训练负荷过大则会使运动员机体出现劣变反应，对运动员造成身心伤害。可见拳击教练员训练负荷控制能力的高低直接决定着运动员竞技能力高低，从而也是其胜任力的表现。

拳击训练就是通过对拳击运动员施加接近其身体承受能力的极限刺激以期取得理想的训练效果。因此，拳击教练员需要对每名运动员所能承受的训练负荷进行科学控制，以便找到其身体承受能力的临界点，最大限度地挖掘其生理潜能。在高水平拳击运动队大负荷的训练后，拳击教练员应能够借助一些相关监测设备或仪器对运动员的训练负荷反应进行监控，以便提高训练的科学性；在利用高科技设备进行训练监控的同时，拳击教练员还应具有"望、闻、问、切"的技能，在训练前、训练中、训练后对运动员训练负荷身心反应特征进行观察，经验丰富的拳击教练员通过观察运动员的表情、情绪，测量其脉搏等，对运动员的身心状态做出判断，并对施加的训练负荷进行适时调整，从而提高训练负荷的针对性；此外，适宜的训练负荷和训练后有效的恢复也是提高拳击运动员竞技能力的一个显著特征。

高水平拳击教练员不仅要有训练负荷控制能力，同时还要掌握帮助运动员恢复生理机能的方式和方法，促进运动机能恢复，在超量恢复的基础上使运动员在个人生理极限范围内承受更大强度的训练负荷，从而提高竞技能力。从本研究调查数据看出，高绩效拳击教练员在训练负荷控制方面能力要显著高于普通绩效拳击教练员，说明了有效的训练负荷控制是拳击教练员的一项重要胜任特征。

第二，拳击教练员在训练计划能力方面的行为特征。教练员训练计划能力是指在未来训练过程中，有目的、有组织、有步骤地进行训练，对运动员训练过程进行科学规划。当今世界拳击运动竞技水平高度发展和竞争日益激烈的现状，要求拳击运动员必须经过系统的、科学的训练，才能在比赛中取得优异成绩。正确制定拳击运动员训练计划是对训练目标的整体性的规划与设计，是训练活动的导向。

因此在训练开始之前，拳击教练员需要缜密地制定训练计划，科学设计课训练计划、周训练计划、年度训练、区间性训练计划、全程性训练计划，合理安排时间、内容、负荷安排、训练方法和手段；拳击运动项目为非集体体育运动项目，因此训练计划的制定应具有明显的个体化特点，高水平拳击教练员往往会根据自己所带每名运动员自身特点制定个性化的训练计划，并在实际的训练实施中不断地根据运动员的竞技状态变化进行调整，从而确保训练目标实现。在本研究访谈中多数拳击教练员强调训练计划在训练活动中的重要性，尤其是能为不同技术特点的拳击运动员量身打造训练计划的能力对拳击教练员能否执教成功至关重要，同时也是其执教能力水平高低的重要体现。

第三，拳击教练员在临场指挥方面的行为特征。拳击运动作为体育运动众多项目之一，其既有一般体育运动项目特点，又具有自身特殊性。拳击比赛在规定时间内，在特定的比赛场地中，通过两只拳头对抗，在肌肉的强大爆发力作用下，进行体能、技术等综合较量，所以拳击项目是最复杂的竞技体育项目之一。

拳击比赛时攻防态势瞬息万变，这就不仅要求拳击运动员必须在场上保持清醒的头脑，合理利用攻防技战术来战胜对手。还要求教练员在比赛前应根据队员及对手技术特点做好充分的赛前计划安排。比赛时作为赛场下旁观者的教练员应能在最短的时间内根据双方技战术发挥情况，做出判断，采取相应指挥，使队员能扬长避短，合理利用自己身体、技术、战术进行攻击和防守，做到赛前安排计划性与临场比赛指挥灵活性相结合，从而战胜对手。作为拳击运动员临场比赛的指挥者，拳击教练员的临场指挥能力很大程度上关系到拳击比赛的胜败，因此临场指挥能力是作为优秀拳击教练员胜任力构成中的重要一环。

第四，拳击教练员在创新能力方面的行为特征。陆升汉（2002）认为教练员如果只是运用陈旧的理论知识，沿袭传统的训练方法、手段，而自身缺乏创新意识，不能主动获取各种新信息，其自身执教水平及其运动员的竞技水平将会落后于时代发展。拳击教练员的创新能力是指其能把已有的拳击知识、经验和自身创造力相结合，提出自己关于拳击运动发展的新见解、新结论，并能取得有效训练成果。近年来，中国拳击运动员邹市明的48kg奥运会金牌、李洋的57kg世界锦标赛铜牌、胡青的60kg世界杯银牌、哈那提的69kg奥运会铜牌、张小平的81Kg奥运会金牌、张志磊的91Kg奥运会银牌骄人成绩的取得，就是在中国拳击运动员力量、速度、爆发力等身体素质不占优势的情况下，依靠拳击教练员们在不断提高拳击运动训练理念创新，技、战术创新、训练方法手段创新，训练器材设备创新等多方面创新的结果。

拳击运动作为以体能、技能为基础的同场格斗对抗性项目，技战术及训练方法手段的创新直接影响着训练效果，拳击教练员之间的竞争通常体现先进、科学、高效的拳击运动技术、训练方法与手段竞争，积极创新和实践先进的技战术和训练方法，是拳击教练员训练工作中不断探索的主题之一。"铁人"迈克·泰森、"铁锤博士"大克、"加农炮"布里奇斯、"海盗式拳击"邹市明等等都是拳击教练员根据运动员特点量身打造出的具有鲜明技术特点的著名拳击运动员，由此可见创新能力对于拳击教练员挖掘运动员潜质的重要性。

第五，拳击教练员在关注细节方面的行为特征。刘大庆（2007）认为当今竞技体育的竞争就是整体与细节的竞争，教练员对整体计划中的细节把握程度不同，会造成运动员训练效果、运动成绩之间的差异。拳击运动员技术、战术等达到一个稳定的、较高的竞技状态阶段，高水平拳击运动员之间的竞争就要从细节入手，做到精益求精。在访谈中一位拳击教练员谈道："这次比赛没有达到预想成绩，就是因为运动员忽略了一个细小环节，训练的时候我一再强调，当你和对手出拳速度差不多的时候，就要注意到保护头部的技术细节"。

优秀拳击教练员总会强调对细节的关注，善于发现事件细微之处，在拳击训练、比赛、管理等方面全面关注到人、技战术、训练设施等各方面的细节问题。因为现在的拳击擂台竞争，就是整体实力与具体细节的综合竞争，拳击教练员关注细节的缺失也是造成训练、比赛结果差异的原因之一。

第六，拳击教练员在技术诊断方面的行为特征。随着现代科学技术发展及竞技体育不断提高运动成绩的需要，新兴学科运动技术诊断学随之出现。运动技术诊断可以及时发现运动员在技术方面存在的问题及产生问题的根源，通过对运动技术诊断能有效提高运动员运动成绩和预防运动伤病的发生，因此运动技术诊断也正逐渐被竞技体育界广泛采用。

拳击运动是技能主导类格斗对抗性项目，因此拳击运动员对拳击技术的掌握情况直接关系到其竞技水平高低。相对于其他体育运动项目而言，虽然拳击运动单个技术动作结构相对简单，但在其运用过程中组合动作结构复杂、运用灵活，且对技术动作的要求甚为精细，只有运动员掌握了正确、合理拳击技术动作及动作组合，才能在比赛中运用最有效技术动作攻击对手，在强对抗的拳击比赛中节省体能，赢得优势。

拳击运动自身特点对拳击教练员在训练、比赛中的运动技术诊断能力，即能正确分析拳击运动员技术动作结构正确性和经济性的能力提出了更高要求。拳击教练员只有在具有运动解剖学、生理学、力学等多学科知识的基础上，再结合自身拳击运动专项经验，才能对拳击运动员运动技术做出科学诊断。高水平拳击教练员会对所带运动员技术动作严格要求、精雕细琢。问卷调查结果显示，绩优拳击教练员的技术诊断能力表现要明显优于普通者拳击教练员。因此在拳击教练员具有专项运动经验的基础上，通过学习相关体育知识、培养其科学的逻辑思维能力，理解与把握世界先进拳击技术，并辅以现代高科技手段，会促进拳击教练员技术诊断能力提升，从而为拳击运动员运动成绩提高奠定科学训练基础。

第七，拳击教练员在收集信息方面的行为特征。毛主席曾说过"没有调查就没有发言权"，调查就是一个收集信息的过程。田麦久（2006）认为体育竞技比赛信息是竞技运动环境的特征及其反映或描述，或与运动成绩有关的、运动竞赛构成要素的特征及其反映或描述。竞赛信息在一定程度上影响运动员竞技表现，从而影响比赛结果。

作为拳击教练员应该具有广泛收集拳击训练、比赛相关信息的能力，掌握最新的拳击竞赛规则，同时能积极运用先进的科技手段，了解拳击项目有关运动队、运动员及主要竞争对手的信息，包括敌我双方近期状态，如比赛战绩、技术统计资料、运动员伤病、以往训练及比赛的图像与文字资料、技战术特点及优劣势等等。拳击教练员只有具备了全面收集信息的能力，通过对相关竞赛信息的收集、汇总、分析，才能做到在拳击训练、比赛指挥时知己知彼，从容面对训练、比赛中可能出现的问题。

但是由于中国拳击教练员人才培养体制中的弊端，造成了拳击教练员队伍中，虽然大部分拳击教练员取得大专以上学历，但由于自身文化基础较差，出现学历与实际水平间存在差距，中国传统的"师傅带徒弟"的经验型拳击教练员居多。面对拳击训练、比赛的综合性竞争局面，拳击教练员们对信息重要性的认识有待提高。同时，对互联网运用能力欠缺、相关拳击研究文献等资源理解不深，造成其收集和运用信息能力的欠缺。

因此通过定期举办职业技能培训、专题培训教育、职称晋升培训，加强对拳击教练员对比赛信息重要性的认识，了解新信息、新技术对拳击训练、比赛的影响，提高拳击教练员信息意识及收集信息能力。使拳击教练员能够善于从亲身调研、交流、媒体网络、文献资料等方面归纳、分析、总结出有价值的拳击训练、比赛新信息，并将有价值的信息运用到拳击运动实际训练、比赛中来，从而在提升拳击教练员收集信息能力的同时，切实发挥出信息在训练、比赛中的导向作用。

第八，拳击教练员在伤病预防方面的行为特征。伤病预防是指在训练、比赛中教练员采用各种有效办法和措施，努力减少运动员运动过程中发生运动伤病的能力，保证运动员能以良好的身体状态参加训练和比赛。运动员伤病是体育运动训练中常见的问题，通过有效的预防措施可以大大降低运动员伤病发生的几率。

陆升汉（2002）认为在中国现行的"举国体制"拳击运动员培养体制背景下，国家为培养运动员投入巨大的人力、物力、财力，如果运动员因运动伤病而丧失运动生涯，将会给运动员自身及国家带来巨大损失。拳击运动作为近身格斗对抗性项目，在训练、比赛中发生伤病的几率要远远高于其他体育项目，因此拳击教练员必须具备一定的伤病预防和处理的知识和技能。拳击运动员损伤主要源于训练、比赛时直接受力所致的身体外部及内部的击打性伤害，多发生于手掌部、手臂部、脑部、眼部、腰部的运动性创伤、运动性肌肉劳损、骨折、脑震荡等损伤。作为特殊体育项目，拳击教练员应具有运动损伤的预防意识，在提高拳击教练员自身技能教授水平、训练和比赛前认真做好充分准备活动、合理安排运动量的同时，还应具备能指导、传授运动员处理拳击运动的中常见运动伤害的能力，清楚拳击运动损伤发生机制，制定预防拳击运动损伤策略，在最大程度保持运动员身心健康的前提下进行拳击训练、比赛，从而最大限度降低在拳击训练、比赛时发生运动损伤的几率。

6.1.2 管理技能

管理技能是拳击教练员运用于各种流程、技术和知识完成与训练、比赛等相关任务的管理能力，拳击教练员管理技能的高低影响着训练、比赛能否顺利开展。

拳击教练员的管理技能与其他行业管理者管理技能相比较具有其特殊性，因为他们不仅是训练、比赛的计划者，也是训练、比赛的组织者和领导者，更是整个训练、比赛过程的控制者和创新者。作为整个训练、比赛工作的计划者、组织者、领导者、控制者及创新者，拳击教练员职业特点要求其应具有全面的管理技能。根据罗伯特·卡茨的研究，基层管理者、中层管理者、高层管理者在行使管理时，须具备相应的技术技能、人际技能、概念技能以满足其管理需要。而拳击教练员作为训练、比赛的计划者、组织者、领导者、控制者、创新者，他们在计划、组织、领导、控制、创新过程中，需要同时具备与比赛、训练相关的技术技能、人际技能和概念技能，才能合理制定训练计划、正确指导运动员训练、统筹全局，从而完成既定任务和实现预期目标。体现拳击教练员管理技能的胜任特征主要有沟通、激励、影响力、解决问题，涵盖了拳击教练员胜任力正式问卷中的 10 个测验题项（题项 22 至题项 31）。因此，可从这四个方面对拳击教练员管理技能进行描述。

第一，拳击教练员在沟通方面的行为特征。中国著名排球教练员袁伟民在《我的执教之道》中认为，教练员与运动员之间的感情是基础，理解是桥梁，二者应尽可能相互尊重，从而创造一个平等相处的训练、管理氛围。由此可见，在竞技体育界作为运动训练主体的教练员与运动员间的相互信任与理解，是训练、比赛顺利进行的保证。教练员与运动员进行有效沟通，能最大限度地宽容和理解对方，有利于淡化对立情绪，减少矛盾冲突。反之，如果二者缺乏相互理解与包容，则会造成相互指责、猜疑、抱怨、怀恨，会产生越来越多的矛盾，中国竞技体育界田坛"马家军解体事件"、泳坛"孙杨师徒反目事件"，在很大程度都是因为在运动训练过程中师徒之间沟通不畅所引起的风波。

因此拳击界教练员应以这些事件为警示，研究拳击运动员心理需要，理解满足其合理要求，使双方沟通顺畅，更好地促进训练质量提高。由于拳击教练员与运动员在运动训练这一组织体系中所处的角色不同，因此二者之间的沟通能使双方相互理解、信任，有利于训练的进行。在访谈过程中多数拳击教练员都认识到运动员思想工作的重要性，能够经常与运动员谈心，改变中国传统文化中"师徒制"的"家长制"的交流方式，意识到在与运动员沟通时聆听、回应的运用，更注重沟通的策略和方式。在平时的训练、比赛及生活中，能够通过观察、倾听、回应等方式深入分析其训练、比赛态度和行为，帮助运动员解决其困惑，使其能主动投入训练、比赛中。

第二，拳击教练员在激励方面的行为特征。郭呈武（2009）认为在组织行为学的研究中认为激励就是激发人所具有的内在动机，从而使其有一股内在动力，能够驱使其向所期望目标前进的心理活动。拳击运动要求参与者必须通过多年系统的、专业的艰苦训练，才能取得理想的成绩，在多年的训练过程中，运动员会不断受到自身内部环境和外界环境多种因素的影响，其中包括运动伤病的产生、竞技水平的暂时停滞、对自身成就的不满、不良的人际关系等，都会使运动员感到困惑，降低训练信心，失去训练兴趣。激励是拳击运动员从事运动训练的动力源泉，通过多种方法和途径的激励，能使其自觉、主动地参与到艰苦的拳击训练、比赛中来，这就需要拳击教练员掌握激励艺术，通过不断的内部和外部激励，使其保持良好参训、参赛动机，对前景充满信心。

拳击教练员应运用物质奖励满足运动员的合理需求；运用教育学及心理学的手段，进行参训目的、动机教育的精神激励，发挥其在训练、比赛过程中的主体作用和主观能动性，使其认识到获得优异运动成绩对国家、民族、家庭、个人的重要性及其巨大社会价值。只有通过正确的物质、精神激励作用，把握激励的时机、频率、程度及方向，才能充分调动起运动员的训练、比赛行为，激发运动员的潜力、智能和创造力。

第三，拳击教练员在影响力方面的行为特征。影响力是指在指导拳击运动训练、比赛过程中，教练员能以一种让运动员所乐于接受的方式，改变运动员的思想和行动的能力。构成拳击教练员影响力主要有两方面：一是权力性影响力，指主要以运动队规制、教练员职位、工作习惯、暴力手段施加影响；二是非权力性影响力，指主要以教练员高尚人格、专业才能、专业知识、情商因素施加影响。

因此拳击教练员要合理运用自身影响力，根据不同情况发挥权力性影响力和非权力性影响力，善于运用自身的专业才能、人格因素，来影响运动员及运动队成员，使其能够愿意一起工作并听从安排。而不是经常使用组织赋予的教练员职位、暴力手段等来施加影响，这样只能使运动员被迫服从，不能使其心悦诚服，造成训练和管理工作效果出现波折。

在访谈中也体现到了此点，通常优秀拳击教练员虽然也会适当使用规制和职位影响力，严格要求运动员训练、比赛及日常行为，但是更多的是通过自己言行来感染运动员，使运动员敬而不畏，信服其训练、比赛管理工作。运动员信服的是他们常通过自身专业才能和人格魅力来施加的影响力，而不是一味使用组织赋予自己的权力性影响来使运动员服从。

第四，拳击教练员在解决问题能力方面的行为特征。问题出现的突发性和不确定性是体育运动训练活动和竞赛活动的特点，因此发现和解决运动队训练、比赛、管理中问题的能力是拳击教练员管理能力的体现之一。

拳击教练员每天都要面临如何解决训练、比赛、管理中问题的困境，因此解决问题的能力不但包括解决拳击训练、拳击比赛及运动队管理中已出现问题的方式、方法、策略等基本能力，更能够积极、敏锐地预见和发现问题，对训练、比赛、管理中可能出现的问题具有预见力、决策力和执行力，即在训练、比赛前对训练、比赛计划各方面可能出现的问题做出预测，考虑可能出现的问题，谋划可采取的相应解决措施，总结运动队管理中问题出现的原因，抓住问题的关键和实质，能以不同的角度和思维方式寻找多种解决问题的方案。

访谈中一名优秀拳击教练员谈到训练中为解决运动员训练积极性不高，需要激发运动员训练激情时的问题说："在训练中采用竞争机制，对训练计划的运动员配对训练时编排非常重要。我就把两个运动成绩相近的运动员编为一组，使两个配对运动员互相赶超，激发运动员的竞争性"。由此可见，拳击教练员解决与训练、比赛、管理相关问题的能力，对取得良好的训练、比赛、管理效果至关重要。

6.1.3 专业知识

专业知识是与拳击教练员训练及比赛工作密切相关的经验与知识，以及对这些相关经验与知识的获取能力。

在竞技拳击运动领域，多数拳击教练员都是由退役的运动员转行而来，所以对运动专项技能层面具有一定的切身认识和体悟，但是要想成为一名高水平拳击教练员仅仅凭借自身运动实践经验去指导拳击运动员还是远远不够的，尤其是当前竞技体育领域内新知识、新方法、新手段等层出不穷，这就要拳击教练员在结合自身运动实践经验向专家和前辈学习的基础上，在从事教练员工作期间去参加各种理论培训。

体现拳击教练员专业知识的胜任特征有选材知识、体能训练知识、专项经验、持续学习能力等方面的相关内容，涵盖了拳击教练员胜任力测量正式问卷中的 9 个测验题项（题项 32 至题项 40），可以从这四个方面对拳击教练员的专业知识维度进行描述。

第一，关于拳击教练员选材知识的行为特征描述。王金灿（2009）认为运动员选材就是教练员依据科学的选材学的原理和方法，挑选具有运动天赋和发展潜力的优秀竞技运动后备人才。随着竞技拳击运动训练科学化水平的不断提高，要想取得理想的竞技运动成绩，成功的拳击运动员科学选材必不可少，拳击教练员只有具备科学的拳击运动员选材知识，才能产生巨大的经济效益和良好的社会效益。然而中国国内竞技体育领域内关于拳击运动员选材方面仍以经验法和追溯法为主，科技化的方法远远不足的现状，已经不足以适应当今世界拳坛的发展需要。

　　访谈中大多数的拳击教练员认为，像泰森、小梅威瑟、里奇哈顿等这样的优秀拳击运动员就是对拳击教练员"慧眼"的考验，要求拳击教练员具有独到的经验，掌握科学的选材知识。对现代竞技拳击运动来说，如果不经常考虑拳击运动员的选材问题，那么运动训练工作将多是徒劳，在拳击运动中多指标综合选材评定仍是拳击运动选材中的重点和难点，拳击教练员作为拳击运动员选材的主要工作人员，其只有在具备专项运动理论和实践知识、选材理论知识、多学科基础理论知识、选材实践操作能力及在多学科人员的配合下借助现代化的科学技术手段，选拔那些在体型、身体素质、生理指标、心理指标等有拳击运动天赋的运动员，并经过系统化、科学化运动训练才能培养出高水平的拳击运动精英选手。

　　第二，关于拳击教练员体能训练知识的行为特征描述。田麦久、刘大庆（2012）认为运动员体能是通过其力量、速度、耐力、灵敏等运动素质所表现出来的基本运动能力，是其竞技能力高低的重要决定因素。体育运动项目分类中，虽然拳击运动属于技能主导类格斗对抗性项目，但是其对体能的要求不亚于体能主导类体育运动项目，例如，跳高、举重、短跑等项目，在所有的运动项目中，拳击是最为消耗体力的运动之一，在三回合的高强度对抗中，拳击运动员需要力量、速度、耐力、灵敏等相结合的高难度综合对抗，没有良好的体能作为保障，拳击运动员很难在对抗中占得优势。

　　因此要充分挖掘拳击运动员的最大运动潜能，发展其体能无疑是开展拳击训练的核心问题之一。拳击教练员的体能训练工作就是要挖掘拳击运动员身体机能的运动潜力，帮助运动员不断挑战自身体能极限，以保持拳击运动员在比赛中具有良好的体能基础。从本研究的调查数据来看，高绩效拳击教练员在体能训练方面的知识题项的得分明显高于普通绩效拳击教练员。这一结果说明：拳击教练员对于拳击运动员体能知识的掌握和训练运用程度对拳击教练员成功执教与否有着重要影响。拳击运动员体能训练知识主要涉及运动员专项速度、专项力量、专项耐力等身体机能的基础性生理机制问题。这就要求拳击教练员要在熟练掌握发展拳击运动员一般体能和专项体能训练方法与手段基础上，还要具有与拳击运动员体能训练的相关生理学原理及训练学知识。

第三，关于拳击教练员专项经验的行为特征。体育运动技术理论和体育实践相结合，是体育运动的一个显著特点，拳击运动作为体育运动项目之一，其也具有该特征。拳击教练员的大部分工作都是在训练的实践中完成的，这种源自于训练实践并用于指导拳击运动员训练工作的专项运动经验是拳击教练员胜任力的重要组成部分。

拳击教练员专项经验是通过自己拳击运动实践得来，其包括自身拳击训练实践经验和指导拳击训练工作经验。拳击运动专项经验对于解决专项训练问题往往更为直观和便捷。正确的拳击运动专项经验与拳击运动理论知识同等重要，俄罗斯著名教练员库波罗索夫曾说过"一个教练员就像一个医生，在从事执教工作相当长的时间里积累一定的训练经验后，才能接近掌握教学和训练方法的真谛"。中国拳击教练员多为专业拳击运动员转型而来，因此具有丰富的专项经验，这也成为其执教的优势之一。调查数据显示，绩优拳击教练员在题项"有较好的运动员经历，熟悉不同的训练和比赛环境"的选项上都趋向于"非常符合"，这说明成功的专项实践经验对于拳击教练员而言是一笔宝贵财富。

第四，关于拳击教练员持续学习能力的行为特征。中国拳击教练员多为职业拳击运动员转型而来，丰富的拳击运动经历为其执教生涯提供了专修经验保障，但理论知识的欠缺也是其作为教练员执教方面的一个短板，这一短板直接决定了其执教水平高低。当今世界拳坛训练方法、训练手段、技战术打法等方面不断发生着变化，拳击比赛不仅要求运动员具有良好的体能与高超技战术水平，同时运动员心理素质与运动智能的要求也越来越高，拳击运动员所具有的综合素质的高低对拳击比赛的胜败有着至关重要的影响。

　　当今世界拳击运动的发展趋势对拳击教练员也提出了较高的要求，拳击教练员若想在其职业发展上有所突破，就必须不断坚持学习，不断对自身执教经验进行反思，利用先进的知识和理念来更新拳击运动训练方法，提高对拳击运动项目特征与训练规律的认识。持续学习能力实际上就是拳击教练员在整个教练生涯中不断获取信息和知识及运用的过程。拳击教练员只有通过不断的学习，提高对项目特征与训练规律的认识水平，获取先进的训练理念与方法，才能跟上世界拳击运动的发展步伐；只有在不断积累经验和更新知识的基础上充实和完善自己，才能使自己在拳击教练员事业上取得成就；只有具备不断借鉴拳击及其他运动项目先进经验和学习多学科知识的持续学习能力，才能向高水平拳击教练员行列迈进。

6.1.4　个人特质

　　个人特质是指一个人的行为中能够重复发出的规律性趋势，能够表现为典型或特征化行为模式。拳击教练员在训练、比赛、管理中所采用的行为模式或行为方式在很大程度上取决于其所拥有某些个人特质的强弱。

　　拳击教练员的个人特质是指那些潜在的、难以被发现和比较的个体特征，其受到拳击训练、比赛、管理工作复杂性程度影响，也是影响拳击教练员执教行为和执教业绩的主要内因。拳击运动项目特点及拳击教练员职业特点要求教练员应在面对复杂、激烈的训练、比赛场面时，保持良好的心理稳定性，而这种心理稳定性则需要由其自身所具有的一系列个人特质来做保证，例如强烈的竞争意识和成就动机、面对复杂局面的自我控制和及时应变能力等。涵盖了拳击教练员胜任力测量正式问卷中的 8 个测验题项（题项 41 至题项 48），本研究从成就动机、自我控制、竞争性、应变力四个方面对拳击教练员个人特质进行测量。

　　第一，拳击教练员在成就动机方面的行为特征。动机是指由特定的需要引起的，欲满足各种需要的特殊心理状态和意愿。拳击教练员成就动机是他们为从事拳击训练、比赛工作而在心理上形成的思维途径，是驱动其在拳击训练、比赛、管理活动中力求获得成功或取得成就的内部力量源泉。

教练员的职业特征，决定了拳击教练员需要具备较高的成就动机，因此拳击教练员职业是一种具有技术性和教育性双重性质的职业，其工作不仅要对运动员进行拳击技战术教育，传承拳击运动，促进中国拳击运动的发展，还要对运动员的个性、品德、心理等进行全方位的培养。拳击运动专业性较强，运动员成长周期较长，多数拳击教练员的工作对象是青少年，教练员运用拳击运动这一体育手段，在所培养青少年运动员的成长过程中，其成就动机就表现为在传授、指导拳击运动的同时，可对青少年进行全方位塑造，能在训练、比赛、管理活动中取得丰硕成果，能得到社会的认可，职业价值得到体现的同时，从而获得精神上和物质上的双重满足。

第二，拳击教练员在自我控制方面的行为特征。自我控制就是能有效抑制自己的情绪和行为，使自己以最合理的方式行动。当前，中国竞技体育界教练员与运动员之间的矛盾已成为运动队管理中需要处理的主要问题。教练员与运动员之间因矛盾而产生的各种问题频繁见诸媒体，从中国青年男篮的"兵谏门"，到创造中国田径历史的"马家军"中长跑队的解体，再到游泳名将孙杨师徒的反目成仇，都折射出中国教练员群体与运动员群体矛盾问题的激化和升级。

拳击教练员与拳击运动员这一运动训练活动中教与学、训与练、管理与被管理的矛盾统一体，如果处理不好二者之间的关系，极容易引发矛盾的出现。因此，优秀拳击教练员的执教水平高低不仅仅体现在其执教理念、技战术训练水平等硬实力上，还要学习和掌握如何与运动员进行有效沟通的方式、方法，学会如何在矛盾发生时控制自身言行；尤其是当与运动员发生冲突时，就更要加强自我控制，避免因冲突而引起打骂运动员事件的发生，从而伤害运动员自尊心和人格。

中国拳击运动"去业余化"向职业化发展进程中，中国拳击协会必须明确这一职业体育活动中参与主体——教练员与运动员的权利和义务，建立较为详细的教练员行为规范，对教练员的职业行为给予准确的规范和指导，才能在提高教练员自身综合素质的同时，保证训练、比赛、管理工作的顺利进行。

第三，拳击教练员在竞争性方面的行为特征。当今世界是一个充满合作和竞争的世界，因而现代社会人既需要具有合作精神，也需要具备竞争意识，保持独立个性，从而加速个人的进取和事业的成功。

CSPE（国际竞技、体育协会）的"竞技宣言"中对竞技运动定义是凡是含有游戏的属性并与他人进行竞争以及向自然障碍进行挑战的运动，都是竞技运动。拳击运动是竞技运动的一种，擂台上拳击比赛的本质就是拳击运动员之间的竞争，并且不但是拳击运动员技术、战术、心理品质竞争的直接体现，而且也是拳击教练员这一竞技运动项目的主导者和策划者，在以成败、输赢分出高低的竞赛环境中竞争意识的间接体现。

因此拳击教练员必须具备强烈竞争意识的个人特质。拳击教练员指导运动员训练取得优异比赛成绩就是为了获得执教的成功，这样的内驱力会驱使其有相应的竞争行为。竞争性较强的拳击教练员常表现为独立性高、工作积极和主动，在训练、比赛工作中具有一种永不言败、不屈不挠的精神，在这种拳击训练、比赛的竞争环境中不断挖掘自身执教潜力，创造优异执教成绩。

第四，拳击教练员在应变力方面的行为特征。拳击教练员应变能力是指与拳击训练、比赛相关的外界环境发生改变时，拳击教练员所能做出的本能反应，或经过缜密思考后做出的决策。

应变力是拳击教练员所应当具有的基本能力之一。大量的训练、比赛、管理工作使得拳击教练员终日处于艰辛、枯燥的工作环境中；比赛及运动成绩指标决定了拳击教练员心理处于复杂及紧张的精神状态。这就要求拳击教练员应有适应高强度训练、比赛的应变能力。

当今中国社会，包括体育界在内各个行业都在处于全面的变革进程中，中国竞技体育的发展的"举国体制"供给模式正逐步向市场化和社会化转变，更多的体育运动项目步入市场和社会。中国竞技体育发展模式向市场化和社会化的转变，既给诸如拳击、散打等运动项目带来商业赛事繁荣，运动员、教练员收入提高机遇的同时，也给拳击项目的发展带来了专业拳击队的人员编制调整、经费划拨、梯队建设等方面的挑战。例如，依靠财政拨款全额供给的拳击专业队数量正逐步缩减；国家、省、市拳击后备人才供给模式正逐渐改变，造成基层专业拳击队教练员岗位减少、待遇下降；计划经济条件下，专业运动员退役安置管理办法正逐步被专业运动员退役自谋职业的市场化机制所取代，由于缺乏退役保障制度，加之拳击运动项目在中国开展市场化程度不高及运动员的高淘汰率和低成材率，造成了拳击后备人才选拔方面的困境。

面对中国竞技体育体制供给侧改革、拳击人才培养体系变革、拳击项目向市场化方向迈进的大环境中，拳击教练员应根据拳击运动这一竞技体育产品的属性和特点，合理调整该项目发展目标定位、人才供给方式等，使其发展路径更加符合项目自身发展规律和中国竞技体育体制变革的社会要求。因此就要求拳击教练员，特别是基层拳击教练员认真分析大形势，把握项目、社会、时代发展脉搏，在激烈的社会竞争中提高适应力和应变力，在促进拳击运动普及和发展的同时也推动自身的发展。

6.1.5 人际关系

人际关系是指拳击教练员在训练、比赛、管理工作中能有效地建立和维护与运动员、运动队成员、行业同仁及上级行政领导等之间的合作关系，协调好、处理好各方面的利益，达到能相互信任、相互理解、相互尊重。

美国杜克大学巴勃教授曾说过："如果一个人在智商和社会情感两方面都很出色，那么他想不成功都很困难。"这句话彰显了智商和情商在人一生发展中的重要作用。中国社会长期以来具有乐善好施、碍于情面的人情社会，拳击教练员是否具有较高的情商，是否能与运动员、运动队工作人员、行业同仁、上级领导之间建立融洽人际关系，对其工作顺利开展及个人职业发展具有很大影响。中国成功的体育教练员，例如排球教练员袁伟民、乒乓球教练员蔡振华都是不但具有很高的运动智商，更是具有较高的人际关系情商，能够妥善处理与运动员、工作人员、上级领导的关系，不仅倍受运动员爱戴，也受工作人员信赖和上级领导器重，从而不仅在教练员工作岗位上业绩突出，也在仕途上有所发展。体现拳击教练员人际关系的胜任特征可以从支持、协作、团队合作三个方面进行测量，涵盖了拳击教练员胜任力测量正式问卷中的 8 个测验题项（题项 49 至题项 56）。

第一，拳击教练员在支持方面的行为特征。虽然随着中国社会民主与法制进程的不断推进，干部管理体制较之以前有较大进步，但部门、单位领导权力仍过于集中，缺乏有效监管，个人专断现象时有存在。各部门、单位主要领导手握很大权力，所以其态度基本决定了下属人员最后的成功程度。

2008 年北京奥运会后，中国体育发展模式奥运金牌战略逐渐向全民健身过渡，在中国竞技体育发展模式转变背景下，竞技体育发展所需经费支持也随之削减。拳击运动项目虽然仍采用"举国体制"的发展模式，但是也仅局限于竞技体育"金字塔"的顶部——国家拳击队，能够获得充足的人力、物力、财力支持。

拳击作为在中国国内社会普及率、市场化程度较低，且奥运会为夺金弱势运动项目的现实，导致了其在国家、省、市竞技体育发展战略中处于弱势地位，造成了拳击运动项目发展资源配置不足。这也对拳击教练员开拓人际关系和资源整合能力提出了要求，为争取拳击运动项目生存和发展环境而努力。为了解决拳击运动项目发展所需要的人力、物力、财力，因此拳击教练员应具有诸如与单位领导建立良好关系，获得领导支持，以谋求资源倾斜，维护拳击运动生存和发展生态环境和教练员自身发展。

第二，拳击教练员在协作方面的行为特征。协作是指拳击教练员在实现训练、比赛、管理工作目标的过程中，其与运动员、其他相关部门或个人之间的相互协调与配合的关系。拳击教练员搞好协作是其完成总体工作目标所必须的必需条件。

从中国社会"文化生成"的角度来看，根深蒂固的儒家文化对体育界教练员与运动员关系的具有双重影响。"家族至上、家外有家""君君、臣臣、父父、子子""一日为师，终身为父"的传统思想及宗法观念形成了森严的"师徒等级关系"，致使中国体育界教练员与运动员二者之间的关系多不能处于一种对话式的开放状态，不利于形成平等、民主的师徒关系。拳击教练员与拳击运动员构成了训练工作的主体，因此如何有效规避中国传统儒家文化中一些观念消极层面的影响，构建易于接近、相互配合的协作型师徒关系，也是优秀拳击教练员所必备的特质。

优秀拳击教练员所具有的协作精神不仅仅体现在处理好与运动员协作关系方面，在竞技体育界开放式的训练、比赛状态下，拳击教练员还要能够与国外或国内其他省市拳击队建立良好的协作关系，进行运动员资源、比赛信息、训练方法的交流与互享。通过与外界协作进行技术学习、知识更新、比赛交流，从而丰富训练工作思路，在不断对外交流、协作、竞争中对于促进自身训练、比赛、管理水平的提高，具有积极意义。

第三，拳击教练员在团队合作方面的行为特征。团队合作是指拳击教练员能将运动队训练所需的各个部门和人员组织在一起，对训练任务进行合理分配，使团队成员的个人能力和团队凝聚力得以发挥，从而为完成共同的训练目标而努力。

由于现代体育科学技术的发展日益专业化和综合化，在拳击运动训练、比赛工作中，拳击教练员一人力量有限，不可能仅靠个人力量培养出优秀拳击运动员，取得优异运动成绩，而需要运动队团队力量来完成。完成拳击训练、比赛任务需要技术、医疗、信息、科研、康复、后勤保障等多个部门、多个岗位的共同努力协作、互相支持。这就要求涉及训练工作的各个部门、岗位之间通力合作，才能保证训练、比赛工作的正常进行。

因此具有团队合作特质的拳击教练员在工作中不但视教练员自身

为团队一员，而且将运动队各个工作人员也视为重要的为完成训练工作所需的团队合作伙伴。主教练与助理教练、教练员与运动员、教练员与运动队技术人员、教练员与后勤保障工作人员之间的合作都体现着团队的力量，其一切工作都是在围绕训练、比赛、管理工作的顺利开展而展开的，每一环节对训练和比赛工作都起着不可或缺的作用。因此优秀教练员更重视团队合作，调查中优秀组许多拳击教练员都提到自己工作所得到的各方面帮助和支持是其取得优异业绩的后盾。因此优秀拳击教练员应该具有团队合作精神胜任特征，善于建立融洽团队合作气氛，促进团队凝聚力形成。

6.1.6 职业态度

车文博（2001）认为职业态度是指人们对职业所持有的评价和行为倾向。拳击教练员职业态度是其自身对所担任的教练员职业角色所持有的评价和行为倾向，拳击教练员职业态度的好坏在一定程度上影响着其职业能力的发挥。

2008 年以后，中国竞技体育体制改革正在深入进行，竞技体育体制改革所产生的深刻变化必将体现在教练员们的职业观念、态度及行为上的改变。当前在拳击教练员的选拔与任用上，通常关注拳击教练员的专业经验、专业技能较多，而很多时候却忽视了拳击教练员职业态度这一胜任能力构成要素。拳击教练员承担着为国培养优秀拳击人才的重任，体现拳击教练员职业态度的胜任特征主要有责任心、主动性两方面内容。因此，可从这两方面对拳击教练员职业态度进行测量，涵盖了拳击教练员胜任力测量正式问卷中的 6 个测验题项（题项 57 至题项 62）。

第一，拳击教练员在责任心方面的行为特征。拳击教练员是拳击运动员人才培养的关键环节之一，在训练中不但担负着提高拳击运动员运动技术的职责，而且还担负着育人的角色，因此拳击教练员必须为人师表，以高度责任心，为培养优秀拳击运动员而努力。作为一名优秀拳击教练员应当以运动训练工作作为自身事业发展的工作，只有这样才会产生工作的动力，才能为成功完成训练工作而保持热情和付出额外的努力，主动学习，拓宽视野，广泛吸收国内外拳击运动先进训练理念，从而提高训练工作质量。

拳击教练员除以高度的责任心自身不断努力学习，充实、提高自己，满足训练工作以外，还应把拳击运动员在注重运动员身心健康、文武兼备的全面发展的拳击人才为己任。在从事拳击运动训练工作中，拳击教练员职业特点决定了其对社会、家长。运动员的责任，不能以损害运动员身体健康为代价，而片面追求个人业绩和比赛成绩。

同时由于拳击专业性较强、普及性较差的项目特点，导致从事该项目运动员拳击技能训练任务较多，而运动员文化学习偏少。在中国深化竞技体育体制改革背景下，退役运动员安置工作也逐步推行市场化，运动员退役后多为自谋职业。由于拳击运动员多为专业出身，只有专业技能而缺乏学历文凭和文化素养，加之拳击运动项目在中国国内推广和普及程度较低，从而导致退役拳击运动员就业困难，如此不良循环，将会影响中国拳击运动项目开展的人才基石。因此关心并帮助拳击运动员谋划现役及退役后的长远职业规划，也是拳击教练员责任心的表现之一。

拳击教练员在力求把平时训练工作做实做好的基础上，对自己的职业道德和综合素质提出要求，做到爱岗敬业，具有责任心。只有具有责任心才能促使拳击教练员把追求训练、比赛和育人目标并重。因此拳击教练员的责任心是成就其教练员事业的基石和保证，提升拳击教练员责任感，使其成为每一名拳击教练员具备的基本品质，这样其教练员工作才能由被动转向主动，从自发走向自为，把推动中国拳击事业发展，成为其自觉、自发、自然的职业行为。

第二，拳击教练员在主动性方面的行为特征。美国著名体育教练员卡森说过："要想成就一名优秀教练员，主动性往往比智商或情商更重要"。工作主动性是一名优秀拳击教练员的鉴别性标志，其工作行为能不以外力推动而行动，使训练工作按照自己预定计划进行，在工作中不被动接受训练、管理、比赛中存在的问题和困难，而是主动获取与之相关信息，通过提高自身适应能力，主动寻求解决训练、管理、比赛中困难和问题的办法。

　　当今世界竞技体育运动的发展已成为一种涉及领域广阔而复杂的社会文化现象。近年来，中国竞技体育界出现的各种各样"奖金门"，归根结底就是教练员与运动员之间付出与回报的利益之争。随着中国社会转型，在社会主义市场经济条件下进行的拳击运动专业化、市场化探索，在其过程中拳击教练员主体也离不开利益驱动杠杆，也存在成绩资本与社会地位获得、利益分配的问题。以拳击作为职业的教练员，由此而"名利双收"也于情于理，但对训练工作中的无偿付出不做过多计较，除能主动完成训练和比赛以外，还能为运动员训练、比赛以外的学习和生活问题提供帮助，也是其职业精神、职业态度的深度体现。拳击教练员通过主动地赢得角色地位，才能获得其职业价值。

6.2 中国拳击教练员胜任力模型
与其他胜任特征模型比较分析

6.2.1 与国外体育工作人员胜任力模型比较

　　1997年和2002年，美国研究人员 Toh 和 Barcelona 分别运用特尔菲问卷调查法和问卷调查法基础上建立关于美国体育管理者胜任特征模型。Toh 认为体育管理者胜任特征模型包括管理能力、预算能力、运动基础、计算机技能、风险管理、交流能力；而 Barcelona 认为美国休闲体育管理者应该分别具有管理技能、运动项目规划、商务程序理论与基础；休闲体育项目规划者应该具有运动项目规划、行政管理程序理论与基础、交流能力。2003年，德国学者 Horch and Schuette 也就体育管理者胜任特征进行研究，通过问卷调查得出其胜任特征模型应该包括：事务管理、商业管理、交流能力、寻找赞助、公共关系、资金预算。2004年，美国学者 Fokken 针对美国国家公园与休闲组织管理委员会人员进行胜任特征问卷调查研究，认为其胜任特征包括：教育能力、战略思维能力、逻辑思维能力、分析问题、人际关系、政策执行。

将以上国外体育管理者胜任力研究与中国拳击教练员胜任特征模型做比较可以发现，国外研究胜任力多运用问卷调查法针对体育组织中体育管理者为对象进行胜任特征分析，其与拳击教练员所扮演的训练、管理、组织的多重角色不同，造成二者工作情景及所要完成任务不同，因此在胜任特征方面的要求具有差异，仅有涉及管理能力维度相同，且研究得出胜任特征具有普适性的基准胜任特征较多，而具有鉴别性的潜在胜任特征较少。例如，个人特质等较少，缺乏结合地域、文化、行政制度差异进行体育管理者应具有的胜任特征论述。

6.2.2 与国内关于体育工作人员胜任力模型比较

中国国内关于体育方面相关工作人员胜任特征的研究主要有：徐波建立了职业足球比赛裁判员胜任特征模型包括文化素质、思想素质、业务素质，较之于与拳击教练员胜任特征模型相比较，专业知识、思想素质维度胜任特征是相近的；邱芬以教练员群体为研究对象，对其所需胜任特征进行研究发现，知识的获取、创新、团队合作、与运动员沟通、权威、关注细节、洞察力、解决问题、分析思考九个方面进行教练员胜任特征研究，较之与拳击教练员胜任特征模型进行比较发现，其只是从教练员这一群体概念大范围内进行教练员胜任特征研究，对不同运动项目教练员胜任特征之间差异性，没有做出论证。李欣关于中小学体育教师胜任特征模型研究中提出教学技能、职业素养、专业发展、个人绩效、社会适应、学生观念六个方面的中小学体育教师胜任特征模型，相对于拳击教练员胜任特征模型而言，在职业素养、从教知识、专业技能方面具有相近之处。

虽然相对于前人关于足球比赛裁判员、体育管理者、中小学体育教师、教练员的胜任特征模型研究而言，拳击教练员胜任特征在某些方面具有相近之处，但是由于裁判员、体育管理者、体育教师的职业不同，工作的最终目标和任务不同，从而使得其胜任特征存在一定差异。

拳击教练员与中小学体育教师胜任特征模型有较多相近特征，是因为拳击运动专业性较强，工作对象多为青少年开始，这样使得对青少年传授拳击运动技术的拳击教练员与对中小学生传授体育运动知识、技能的体育教师的工作对象及部分工作目标存在相似之处，二者在这些方面所扮演的角色大致相同，都需要遵循教育学、训练学、生理学的知识和原理，具备传道授业解惑者所应具有的精神、态度及相关特征。但因二者职业最终任务不同，拳击教练员主要任务是进行专业性的拳击技能运动训练工作，最终目标是把青少年培养成竞技场上的专业拳击运动员，而体育教师的主要任务是向学生传授多项体育运动技能和知识，指导青少年进行体育锻炼，最终目标是使青少年掌握体育多项体育技能，培养其终身体育锻炼习惯。因为二者工作的主要任务和最终目标不同，从而使二者胜任特征在专业知识、专业技能、管理技能、个人特质等方面要求存在较大差异。

拳击教练员与体育运动管理者、足球比赛裁判员的胜任特征模型存在较大差异，探析其原因是其所从事的职业和角色不同造成工作对象、工作任务、工作目标有一定区别。拳击教练员既具有教育者角色，又具有管理者角色，而体育运动管理者、足球裁判员的工作类似于企业管理者或赛场执法者的角色，其与拳击教练员工作角色是完全分开的，因此拳击教练员与足球比赛裁判员、体育管理者的工作胜任特征要求具有不同之处；所采用的研究方法不同，从体育俱乐部、休闲机构所随机抽取的体育运动管理者，或从随机抽取足球比赛裁判员或专家采用问卷调查法所建立的体育运动管理者、足球比赛裁判员胜任特征模型可能对这两个职业人员深层次的胜任特征难以发掘，相对于本研究均采用行为事件访谈法，可以通过可观察到的具体行为对潜在的拳击教练员胜任特征进行挖掘。

拳击教练员胜任特征与教练员胜任特征研究相比较而言，虽然二者都是以教练员胜任特征为研究对象，但是体育运动项目的多样性决定了对教练员胜任特征要求具有一定的区别。邱芬关于专业教练员胜任特征的研究主要存在以下几点欠缺：以体育运动教练员群体总体为研究对象，所建立了教练员胜任特征模型虽然能够反映出专业教练员群体部分胜任特征，但因运动项目不同，而对教练员胜任特征存在一定差异。例如，智力运动类体育教练员与体力运动类教练员胜任特征的要求就存在较大差异，所以其对教练员胜任特征的研究模型构建较为粗放，具有一定的局限性，不同运动项目教练员的胜任特征模型之间是否存在差异没有做出充分论述；所选取的行为事件访谈对象，未能选取中国顶尖的优秀教练员，所建立的教练员胜任特征模型缺乏说服力。

本研究与之比较可以发现，研究对象为拳击教练员这一职业个体的胜任特征，所以研究项目更为具体，更能体现体育运动项目不同而对教练员胜任力特征要求不同的体育运动特点；调查对象多为中国国内拳击界优秀拳击教练员代表，所建立的胜任力特征模型更具说服力；所建立的模型维度和指标较之更为全面和细化，能将拳击运动项目与中国当前特定的国情和社会文化背景结合进行建模和论述拳击教练员所应具有的胜任特征，所以更具说服力。

6.3 中国拳击教练员胜任力模型应用分析

6.3.1 拳击教练员的招聘与选拔工作

拥有一批高水平拳击教练员，是中国拳击运动发展的当务之急。而目前中国国内关于拳击教练员的招聘和选拔方式上，一般只注重专项经验、运动经历、执教成绩等方面拳击教练员所具有的外显性特征的选拔方式，而忽略对那些难以测量沟通、动机、激励、协作、动机等隐性的个人特质。而这些相关核心胜任特征往往对选拔拳击教练员很具有参考价值。拳击教练员胜任特征是基于在修正传统拳击教练员选拔方法基础上建立起来的，更具拳击教练员选拔标准的全面性、合理性和科学性。传统的拳击教练员"人岗匹配"所要求的教练员素质只是直接满足任务目标，而基于胜任特征的人力资源管理模型则更重视拳击教练员内在特征，如个人特质、职业态度、人际关系等与其岗位的匹配性。因此，基于胜任力特征的拳击教练员招聘与选拔，一方面要求拳击教练员既能满足训练、比赛、管理工作岗位的具体要求；另一方面也要求拳击教练员所具有的内在素质也必须符合运动队、运动员、教练员发展要求，能使运动队、运动员、教练员实现其战略目标潜能的发挥。因为拳击教练员在完成训练、比赛工作任务的同时，其确立了正确教练员角色自我概念后，往往会在运动员发展、执教成绩、运动队管理、自我发展等方面取得更为优秀的业绩。

基于胜任力理论的拳击教练员招聘与选拔，其目的在于选拔具有与拳击教练员这一岗位上能够取得优绩的工作人员，而不仅只是能完成日常训练工作任务。因为拳击教练员执教能力不仅仅只体现在专业经验、专业技能与之岗位要求匹配上，重视拳击教练员潜在的胜任特征与之岗位要求的匹配也是不可忽视的重要环节。根据"洋葱模型理论"和"冰山模型理论"专业知识和专业技能是处于拳击教练员胜任特征结构表层，易通过训练得到提高，而处于胜任特征结构里层和底层的个人特质、人际关系、职业态度等，虽难以客观评估，不易改变，但其却对拳击教练员的工作绩效有重要影响。因此，在拳击教练员的选拔与招聘工作中，要做到"人—拳击教练员岗位—运动队组织"三者之间的合理匹配。

目前中国拳击专业运动队教练员多为退役的优秀拳击运动员，其与拳击运动相关的专业训练、比赛经验较为突出。但一名优秀拳击运动员是否能成为优秀拳击教练员，还需要自身要具备适合教练员岗位的核心胜任特征。本研究构建的拳击教练员胜任特征模型可以作为招聘和选拔拳击教练员的参考依据，本研究所开发的"拳击教练员胜任力量表"可作为拳击教练员胜任力的测量工具予以运用。基于胜任力的拳击教练员的招聘、选拔及晋级，可使拳击教练员在知识、技能、职业态度、个人特质、人际关系等方面与其教练员岗位相匹配，使得整个拳击运动队及拳击教练员个人都能从中受益，一方面拳击运动队能够选取合适人员担任教练员这一角色，另一方面拳击教练员也能够找到合适的工作岗位，进而在教练员这一岗位上实现自身价值和职业发展。

6.3.2 拳击教练员的岗位培训工作

在对拳击教练员进行访谈中，针对中国当前拳击教练员岗位培训内容、培训方法、培训方式等进行了深入的交流。了解到中国目前对拳击教练员所进行的岗位培训，内容主要以涉及拳击运动专业知识，如运动训练学、运动保健学、运动生理学、体能训练学、运动心理学等相关基础理论知识，或专项训练的计划制定、训练负荷控制、训练手段、训练方法等较多，而对于改善和提高拳击教练员取得高绩效的管理学、人际关系学等内容明显较少。拳击教练员对当前培训内容及效果并不满意，他们更期望解决拳击教练员的自身所存在的深层次问题，发展其自身潜能。

基于拳击教练员胜任特征模型的教练员培训工作，是对拳击教练员进行的关键性胜任特征培训，其目的就是提高拳击教练员取得高绩效所需的相关能力、适应其工作环境的能力及胜任特征发展潜能。这就决定了对拳击教练员进行岗位培训时应重新定位。在培训前，应该对国家体育总局、国家拳跆运动管理中心、省体育局及拳击运动队的相关战略目标进行分析，并对不同岗位拳击教练员胜任力水平进行评估、分析，从而开发出培训课程体系，针对拳击教练员胜任力水平查漏补缺，提高拳击教练员绩优者与绩效一般者相比之下所表现得更突出的胜任特征。对于不同层次的拳击教练员，其胜任特征培训内容应有侧重。如不同级别、不同层次拳击教练员的培训，其培训方式、内容应不同。本研究拳击教练员胜任特征模型包括专业知识、专业技能、职业态度、管理技能、个人特质、人际关系 6 个维度，共 25 项胜任特征指标要素，因此对拳击教练员的培训不仅包括专业知识、专业技能，更重要的是创新能力、沟通、解决问题、应变力、协作及团队合作等方面培训。由此可见基于拳击胜任特征模型的岗位培训在理念与技术上已经不简单等同于以往的教练员岗位专业知识和技能的培训。

6.3.3 拳击教练员的职业发展

指导拳击教练员进行职业规划，实现职业发展，也是关于现代拳击教练员人力资源管理、开发基本要求之一。从心理学角度来看，人自身有成长发展、自我实现的需求，因此提高拳击教练员岗位胜任特征和职业能力是其职业发展的重要内容；从拳击教练员职业发展角度看，其在工作上的成功与否应该取决于自身胜任力水平高低；从中国当前国情来看，中国竞技体育体制正在进行着变革，拳击教练员面临着岗位竞争压力，因此必须注重发展个人胜任力来增强自身可雇佣性。因此，拳击教练员胜任力模型在对拳击教练员职业发展中的重要性可见一斑。通过构建拳击教练员胜任特征模型，对拳击教练员胜任特征潜能评价，帮助其了解个人特质、工作行为特点及其自身发展需要，指导其设计符合个人特征的职业发展规划，实现拳击教练员和体育运动管理组织、运动队共同成长和发展。

传统的拳击教练员职业发展模式中衡量其职业成功的标准多以那些外在表现，如晋职、薪酬、社会地位提升等居多。基于胜任力理论的拳击教练员职业发展不单纯将其职业发展看作其职位晋升，而是还将其职业发展看作是在工作岗位中获得成功满足，实现自我提升和追求的过程。因此拳击教练员实现外在回报和自身胜任力协调发展是一种较为理想化职业发展模式。

因此中国拳击运动行政管理部门在指导拳击教练员制定职业发展规划时，可从其胜任力角度为出发点，对其胜任特征进行客观评价，了解其教练员个体胜任力水平差距，从而能根据基于胜任力的拳击教练员职业发展特点进行有针对性的拳击教练员岗位培训活动，帮助其实现职业发展目标。在帮助拳击教练员实现职业发展目标过程中，结合具体体育组织环境，构建适合其发展的职业生涯体系，为拳击教练员胜任力发展提供空间、机会，从而开发拳击教练员潜能，使之与工作岗位要求达到契合。

拳击教练员胜任特征理论为拳击教练员人力资源管理、开发提供了新视角和新技术，通过拳击教练员胜任力模型可以对拳击教练员人力资源管理进行多方面整合。所开发的"中国拳击教练员胜任力模型"一定程度上可促进中国拳击教练员人力资源招聘、选拔、培训、职业生涯规划和发展，有利于促进对拳击教练员人力资源进行科学的管理和开发。

6.4 本章小结

一、本章研究认为所构建的中国拳击教练员胜任力模型是一个多维的、具有内部关系的综合性拳击教练员胜任力模型。

二、本章在基于拳击教练员的职业特征、工作内容以及关键事件访谈结果的基础上，对中国拳击教练员胜任力模型个人特质、专业技能、专业知识、职业态度、管理技能、人际关系六个维度共 25 项胜任特征进行了阐述。

三、中国拳击教练员胜任力模型与国外、国内其他体育组织管理者胜任力模型、体育教师胜任力模型、裁判员胜任力模型相比较，由于职业不同，工作的最终目标和任务不同，从而使得其胜任特征存在一定差异。本研究以拳击教练员这一职业个体的胜任力模型为研究对象，研究项目更为具体，更能体现职业不同、运动项目不同而对教练员胜任特征要求不同的体育运动特点，所建立的胜任力特征模型更具说服力；所建立的模型维度和指标较之更为全面和细化，能将拳击运动项目与中国国情和社会文化背景结合进行建模和论述拳击教练员所应具有的胜任特征，所以更具说服力。

四、本研究所构建的中国拳击教练员胜任力模型可为中国拳击教练员的招聘与选拔、工作岗位培训、职业生涯发展等拳击教练员人力资源管理工作提供借鉴和支持。

第七章 研究结论、创新、局限与展望

7.1 研究结论

本研究主要是构建中国拳击教练员胜任力模型并对其有效性进行检验，通过研究基本达到了预期的目的，所得出的结论主要如下：

一、本研究构建的中国拳击教练员胜任力模型是一个六维度结构模型，六个维度分别是专业技能、专业知识、职业态度、管理技能、个人特质、人际关系。专业技能维度包括训练负荷控制、计划能力、临场指挥、创新能力、关注细节、技术诊断、收集信息、伤病预防；专业知识维度包括选材知识、体能训练知识、专项经验、持续学习；管理技能维度包括沟通、激励、影响力、解决问题；个人特质维度包括成就动机、自我控制、竞争性、应变力；人际关系维度包括支持、协作、团队合作；职业态度维度包括责任心、主动性。

二、通过探索性因素分析和验证性因素分析得到与中国拳击教练员胜任力理论模型相一致的六维结构，表明六维度模型能较好地描述中国拳击教练员综合胜任力。

三、中国拳击教练员胜任力可通过其行为表现来反映出来，本研究开发的基于拳击教练员行为描述的胜任力测量问卷为评价中国拳击教练员胜任力提供相关可操作性测量工具。

四、胜任力是用来区别高绩效者与普通绩效者二者之间的一系列行为特征。本研究的结果表明所构建的中国拳击教练员胜任力模型是基于绩效效标的，并可以对拳击教练员高绩效者和普通绩效者二者进行有效区分，说明了提高中国拳击教练员胜任力水平是提高其工作绩

效的重要途径。

五、中国拳击教练员在胜任力模型不同维度上存在一些水平差异。在管理技能、个人特质、人际关系三个维度男性拳击教练员与女性拳击教练员具有显著性差异，男性要优于女性；专业队拳击教练员与基层队拳击教练员在专业技能、专业知识、人际关系三个维度上存在差异性，前者优于后者；具有不同执教年限拳击教练员在专业技能和人际关系方面上存在差异，执教年限长的要高于执教年限短的；具有不同学历拳击教练员在专业知识维度方面存在显著性差异，拥有本科以上学历的拳击教练员的分数要显著高于大、中专学历的拳击教练员；初级、中级和高级拳击教练员在专业技能、个人特质、人际关系三个维度存在显著性差异，即高级或国家级拳击教练员在专业技能、人际关系、个人特质的分数上要高于初级、中级拳击教练员。

六、本研究所构建的中国拳击教练员胜任力模型可为中国拳击教练员的招聘与选拔、工作岗位培训、职业生涯发展等拳击教练员人力资源管理工作提供借鉴和支持。

7.2 研究创新

本研究主要是构建中国拳击教练员胜任力模型，其研究创新如下：

本研究通过对前人关于胜任力研究的整理、分析，因此依据中国竞技体育改革及中国拳击运动发展对拳击教练员人力资源的需求状况，构建中国拳击教练员胜任力模型是本研究创新点之一；另外中国拳击教练员胜任力模型与国外、国内其他任力模型相比较，由于职业不同，工作的最终目标和任务不同，从而使得其胜任特征存在一定差异。本研究以拳击教练员这一职业个体的胜任力模型为研究对象，研究项目更为具体，更能体现职业不同、运动项目不同而对教练员胜任力特征要求不同的体育运动特点；所建立的拳击教练员模型维度和指标较之前人更为全面和细化，能将拳击运动项目与当前中国国情、社会文化背景结合进行建模和论述拳击教练员所应具有的胜任特征，所以更具说服力；本研究通过中国拳击教练员胜任力理论构思和实证研究，提出了中国拳击教练员胜任力模型，为中国拳击教练员人力资源管理工作提出了一种新思路，从胜任力角度探索中国拳击教练员人力资源开发与管理新途径。

7.3 研究局限

本研究主要是构建中国拳击教练员胜任力模型，其研究局限如下：

一、在中国国内做拳击教练员抽样调查时，由于中国地域广阔，拳击教练员人员分布分散，加大了抽样调查时的执行难度；由于本人博士论文完成的研究时间及经费所限，所以本研究所抽取的样本多源于全运会拳击比赛、全国拳击锦标赛及拳击教练员岗位培训时部分拳击教练员，从而一定程度上影响了研究的样本量。

二、研究所采用的是横截面调查方法，调查问卷所测得的为截面数据，而胜任力对绩效的预测效应是一个较长时间检验问题，因此得出的研究结论本质上仅是变量间相关关系，变量间因果关系还需纵向研究检验，通过纵向研究，将更能有效地检验中国拳击教练员胜任力的预测效应，从而使本研究所得出的研究结论更具可信性。

7.4 研究展望

一、尽管研究过程中所选拳击教练员样本涉及较广，但样本量有限，需要今后在进一步研究中扩大样本量的方式来加以完善，扩大研究中被试拳击教练员来源，以提高中国拳击教练员胜任力模型的质量，提高研究结论普适性。

二、更进一步完善中国拳击教练员胜任力测量问卷中相关题项，使其更加基于拳击教练员的相关行为而不是相关概念。

三、完善中国拳击教练员胜任力与其绩效关系之间的纵向研究。

本研究是将拳击教练员胜任力与其绩效做同时效度检验，后续研究可加入对其绩效预测效度检验，使结果更具说服力。关于中国拳击教练员胜任力与其绩效关系实证研究有待继续进行。

四、完善中国拳击教练员胜任力评价标准。本研究对象虽都是拳击教练员，但从管理实践角度来看，其不同工作任务、工作环境还是有较大差异，所以优秀拳击教练员会有不同类型。同时并不是所有的拳击教练员胜任特征都越强越好，例如拳击教练员竞争性过高就会有偏执倾向，从而不利于训练、管理工作开展，因此需要进一步对中国拳击教练员胜任力评价标准研究。

7.5 本章小结

本章主要通过对全文各章研究小结进行整理，总结本篇论文研究结论，并对研究创新点进行归纳，分析论文研究所存在的局限及进一步研究展望。

主要参考文献

安·梅楚尼奇.组织学习、绩效与变革，康青译.北京：中国人民大学出版社，2005.

车文博.心理咨询大百科全书.杭州：浙江科学技术出版社，2001.

陈敏，吴姜月，宋巨华，王海波.高校体育教师胜任特征模型及相关性研究.社会科学家，2012，35，20—23.

陈晓萍，徐淑英，樊景立.组织与管理研究的实证方法.北京：北京大学出版社，2008.

邓运龙.对军体运动队的教练员的科学文化素质的调查研究.北京体育大学学报，2012，25，166—167.

丁道旭，赵晓晗.提高教练员文化素质的思考.武汉体育学院学报，2013，27，146—147.

杜鹃.管理者胜任力与绩效的关系研究.南京社会科学，2009，9，46—52.

风笑天.社会调查中的问卷设计.天津：天津人民出版社，2002.

冯远程.最新学校教育科研方法及实施过程指导与重点热点教育问题研究和案例运用实务全书.北京：中国教育出版社，2007.

郭呈武.企业的人力资源激励机制浅析.理论界，2009，1，22.

侯杰泰.结构方程模型及其应用.北京：教育科学出版社，2002.

胡佐.政企业绩效管理的 KPI 方法及其实施.工业技术经济，2003，2，103.

黄芳铭.结构方程模式理论与应用.北京：中国税务出版社，2004.

黄芳铭.社会科学统计方法学—结构方程模式.台北：五南图书出

版有限公司，2005.

黄莉.教练员科学文化素质的现状与发展对策.武汉体育学院学报，2013，37，95—97.

黄希庭、张志杰.心理学研究方法.北京：高等教育出版社，2005.

贾丽娟、吴鲲.我国职业篮球教练员职业特征与胜任力的关系[J].武汉体育学院学报，2013，04：46—48.

金瑜.心理测量.上海：华东师范大学出版社，2001.

李波.优秀运动队教练员工作综合考评系统的研究.体育科学，2005，5，62—65.

李健.基金会秘书长胜任力模型实证研究.软科学，2014，28，82—86.

李明斐.公务人员胜任力模型的构建与检验研究.大连理工大学，大连，2006.

李欣.中小学体育教师胜任特征模型构建与检.华中师范大学，武汉，2012.

李智、王春明、王德新.建立我国教练员职业资格制度的可行性研究.北京体育大学学报，2007，30，447—448.

刘大庆.运动训练活动中的整体与细节问题思考.北京体育大学学报，2007，30，149—153.

陆璐.中国国家级教练员知识形成途径研究.天津体育学院学报，2006，21，407—409.

陆升汉.论创新是竞技教练员的核心素质.成都体育学院学报，2012，28，61—63.

吕万刚、顾家明.试论竞技体操创新型教练员的知识、能力及培养.武汉体育学院学报，2003，37，152—155.

潘永生、孙廷旭.体育院校网球教练员胜任特征探索性因素分析.山东体育学院学报，2014，30，110—113.

潘永芝、吴飞、刘国斌.对高水平乒乓球教练员能力结构的调查研究.北京体育大学学报，2005，28，692—694.

彭剑峰、饶征. 基于能力的人力资源管理. 北京：中国人民大学出版社，2003.

皮腾杰. 行为研究的设计与分析，马广斌等译. 北京：中国统计出版社，2006.

丘皓政. 结构方程模式. 台北：双叶书廊有限公司，2004.

邱芬. 我国专业教练员胜任特价的模型建构与评测研究. 北京体育大学，北京，2008.

邱皓. 政结构方程模式 lisrel 的理论、技术与应用. 台北：双叶书廊有限公司，2003.

任静. KPI 在绩效考核中的一个难题：是硬评分还是软评分. 特区经济，2005，5：162.

阮桂海、蔡建平、刘爱玉. 数据统计与分析应用教程. 北京：北京大学出版社，2005.

时勘、王继承、李超平. 企业高层管理者胜任特征模型评价的研究. 心理学报，2002，25，306—311.

时勘、王继承. 企业高层管理者胜任特征模型评价的研究. 心理学报，2002，25，306—311.

孙娟. 天津市体育教练员人才资源调查及胜任力评价模型. 北京体育大学，北京，2007.

孙庆国、孙娟、李少丹. 体育教练员胜任力研究. 体育文化导刊，2009，3，46—49.

田麦久、刘大庆. 运动训练学. 北京：人民体育出版社，2012.

田麦久. 运动训练学. 北京：高等教育出版社，2006.

王金灿. 运动选材学. 北京：人民体育出版社，2009.

王沛、陈淑娟. 中小学教师工作胜任特征模型的初步建构. 心理科学，2008，31，832—835.

王平换、王晓宏、王瑛. 基于胜任力的人力资源管理创新研. 湖北经济学院学报（人文社会科学版），2006，3，88—89.

王小春. 影响我国高校高水平田径运动教练员执教能力因素分

析.西安体育学院学报，2007，24，102—105.

王晓晖.中国企业环境、健康和安全管理者胜任力模型研究.管理科学，2012，25，1—9.

王照勋.对吉林省举重教练员胜任力的综合研究.吉林体育学院，长春，2012.

王重鸣，陈民科.管理胜任特征分析：结构方程模型检验.心理科学，2002，25，513—518.

王重鸣.管理心理学.北京：人民教育出版社，2000.

乌友倩.内容分析的概念框架新探.现代情报，2007，12，25—28.

吴飞、刘国斌.对中国国家乒乓球队教练员素质结构的调查研究.中国体育科技，2007，43，58—60.

吴明隆.问卷统计分析实务：SPSS 操作与应用.重庆：重庆大学出版社，2010.

吴能全、许峰胜.胜任能力模型设计与应用.广州：广东经济出版社，2006.

徐波.我国职业足球比赛裁判员胜任力研究.北京体育大学，北京，2008.

徐守森、张月、李京诚.国内体育教师胜任特征的研究进展.体育科研，2014，35，20—23.

徐玉明、满会磊.我国优秀教练员创新素质的现状及其特征评价.北京体育大学学报，2012，35，136—139.

许登云、乔玉成.我国 10 位成功教练员素质特征分析.成都体育学院学报，2010，36，36—39.

薛薇.SPSS 统计分析方法及应用.北京：电子工业出版社，2004.

尹碧昌.我国田径教练员胜任力模型研究.北京体育大学，北京，2011.

尹军、于勇、蔡有志.对我国部分项目优秀教练员能力结构的研究.中国体育科技，2001，37，45—46.

尹军.对我国部分项目优秀教练员知识结构的研究 [J].武汉体育学

院学报，2000，34，41—44.

张长城.中学体育教师胜任力模型构建与实证研究.福建师范大学，福州，2011.

张大中、王海波.我国篮球教练员胜任特征的特点分析.沈阳体育学院学报，2008，5，104—106.

张大中、杨剑.我国篮球裁判员胜任特征的定量分析.哈尔滨体育学院学报，2010，28，114—117.

张霈、龚明俊.我国排球高级教练员胜任力水平评价体系研究.河北体育学院学报，2014，3，59—63.

赵曙明.我国管理者职业化胜任素质研究.北京：北京大学出版社，2008.

仲理峰、时勘.家族企业高层管理者胜任特征模型.心理学报，2004，36，110—115.

仲理峰、时勘.胜任特征研究的新进展.南开管理评论，2003，2，4—8.

仲理峰.家族式企业高层管理者胜任特征模型及其影响作用的研究.中科院心理研究所，北京，2002.

祝大鹏.高校体育教师胜任特征模型建构.体育学刊，2010，17,63—67.

Alldredge M E.Nilan K J.3M's Leadership Competency Model: An Internally Developed Solution.*Human resource management*,2000,39,133-145.

Aung M.The Ac cor Multinational Hotel China in an Emerging Market: Through the Lens of the Core Competency Concept' [J].*Service Industries Journal*,2000,3,43-46.

Barnes,Nelson J）.The Boundlessness Organization:Implications for Job Analysis,Recruitment, and selection.*Human resource planning*,1996,20,39-49.

Boyatizis.R.E.Core competencies in Coaching Others to Overcome Dysfunctional Behavior.*Piscataway*:*Consortium for Research on Emotional*

Intelligence in Organizations,2002,3-14.

Boyatzis.R.E.Rendering into competence the things that are competent. *American Psychologist*,1994,49,64-66.

Campbell,J.P,McCLoy,R.A.The Great Eight Competence:A Criterion-Cedric Approach to Validation.*Journal of Psychology*,2005,90,1185-1203.

Chen.H.C,Naquin.S.S.Development of competency-based assessment centers. In: Michael.L.Mortised,2005 AHRD International Research Conference Proceedings. *Estes Park, Colorado:Academy of Human Resource Development,2005,Feb.*

Cheng MI,Dainty R T.the Differing Faces of Managerial Competence in Britain and American.*Journal of Management Development*,2002,22,257-537.

Eitington.J.E.*The winning trainer.*（*2nd*）.Houston,Tx:Gulf Publishing Company,1989.

Flanagan.J.C.The Critical Incident Technique.*Psychological Bulletion*,1954,51,27-58.

George.B.Cunningham,Marlene A.Dixon.New perspectives concerning performance appraisal of inercllegiate coaches.*Journal of Sport Management*,2003,5,177.

Hinkin,T.K.A brief tutor isl on the development of measures for use in survey questionnaires.*Organizational Research Methods*1,1998,104-124.

Martone,D.Development Guide of Performance Management System Based on Competency.*Employment Relation Today*.2003,30,23-32.

McClland D C.Testing for competence rather than for intelligence. American Psychologist,1973,28,1-14.

McLagan P A.Competency Model.*Training&Development Journal*,1980,34,22-26.

Parry S R.the Quest for Competencies.*Training*,1996,7,48-56.

Rotundo&Sackett.The relative importance of task,citizenship,and counterproductive performance to global ration of job performance:A policy-capturing approach *Journal of Applied Psychology*,2002,87,66-80.

Silzer R F.Leadership competency models.*Leadership Quarterly*,2006,17,398-413.

Spencer L M.Competence at Work: Model for Superior Performance. *NewYork.widely*,1993.

Spencer,L.M.,Spencer,S.M.*Competence at Work:Models for Superior Performance.*New York:John Wiley&Sons.Inc,1993.

Training Agency. *the Definition of Competence and Performance Criteria*.Guidance Note in Development of Asses sable Standards for National Certification Series,Training Agency,Sheffield,1988.

附录 A　中国拳击教练员行为事件访谈提纲（访谈者用）

第一步：介绍和自我说明（5分钟）

一、自我介绍

您好，我是山东体育学院拳击课程负责人卜宪贵，研究方向为拳击运动的教学训练与管理。非常荣幸能有机会认识您。

二、解释访谈目的和程序

本次访谈的目的，是想了解您是如何进行自我工作的，以便研究和探讨体育界大家普遍关心的几个问题，比如："为什么有些教练员会成功？他们具有什么样的素质？""大家可以从他身上学习到什么？"等等问题。下面我根据您手中的"中国教练员行为事件访谈提纲（B）"问您一些问题，这些问题都是您在过去一年或者一年半工作中所经历的2～3个"关键事件"，包括成功的事件和不成功的事件。每提一个问题，我都会给你考虑时间，以便您整理自己的思路。

三、清除顾虑

注意事项：

1.时间控制在5分钟内；

2.不要让被访者感到紧张；

3.鼓励被访者参与；

4.强调对谈话内容的保密；

5.录音时，应征得被访者同意。

我向您保证，谈话记录仅供我们研究人员分析所用，对您所谈的每一句话，我们都将严格保密。绝对不向任何人扩散。在整理谈话内容的时候，也绝对不包含您的名字，并去掉您所谈到的单位、部门和个人的名字。为了便于理解，请允许我对您的谈话进行录音，这样我就可以减少笔记的时间，集中精力听您的谈话。对于您的录音我们也将严格保密，仅供研究之用。我们的谈话时间，最多维持 0.5 ～ 1 小时。请您给予理解和支持，谢谢！

第二步：了解工作职责（5 分钟）

注意事项：

1. 时间控制在 5 分钟之内；

2. 让被访者谈具体工作行为；

3. 要求被访者解释指代不清楚、不准确的字词。

你主要的工作职责是什么（即您平时主要做什么具体的工作）？

您的经历（运动经历和执教经历）？

请简要介绍您现在所执教的运动队的情况（实力、成绩）。

您近三年来有无获得表彰或奖励？

第三步：行为事件描述

注意事项：

1. 先谈成功事件；

2. 要求被访者按照时间顺序讲故事；

3. 让被访者描述实际发生的具体事情，而不是假设的反应、哲理、概述或赞成的行为；

4. 探究行为背后的想法；

5. 强化被访者的正确表现；

6. 要清楚访谈时被访谈者是一个情感过程。

一、最成功的二到三件事

作为一名教练员，在您的日常工作中，肯定有许多您认为做得非常成功并引以自豪的事情。每件事情均包括以下问题：

（1）是什么事情，发生的原因是什么？

2. 都涉及了哪些人？

3. 您当时头脑中都想到了什么？即怎样看待这件事情？又是怎么看待涉及的人（积极或消极）？

4. 您本人当时的感受如何（是否恐慌、自信、激动）？

5. 您当时肯定会想到采取一些具体行动，您为什么想采取这些行动？

6. 您实际上做或说了什么？

7. 您是如何知道应该这样做或说的（您是如何知道这样做或说是正确的）？

8. 结果如何？

二、成功的条件

注意事项：

1. 主要是了解被访谈者的个人特征和环境因素；

2. 这些特征或因素与被访谈者的成功直接相关。

问题一：任何一名教练员的成功都会受到很多外界因素的影响，包括运动员的基础、上级领导的态度、训练场地、资金的问题等，请问您认为影响您成功的外部因素主要有哪些？请简要说明理由。

问题二：在训练管理运动队的时候，您肯定会与很多人打交道，需要与那些对您有或可能有帮助的人建立和保持一定的关系，您认为最重要的关系是什么？这些关系主要有哪些特点？请简要说明。

问题三：在训练管理运动队的时候，运动员、上级领导者等的特点以及您与他们之间的关系会在一定程度上影响你的成功，您认为其中最重要的影响和关系是什么？

问题四：作为一名教练员，您认为哪些个人特征帮助您不断走向成功？

问题五：您认为一个运动员要取得好成绩，关键在于教练员（的指导）还是他本人（的努力）？

非常感谢您能抽出宝贵时间接受我的访谈，谢谢！

附录 B　中国教练员行为事件访谈提纲
（被访谈者用）

第一步：介绍和自我说明（5 分钟）

一、自我介绍

二、解释访谈目的和程序

本次访谈的目的，是想了解您是如何进行自己工作的。以便研究和探讨体育界大家普遍关心的几个问题，比如："为什么有些教练员会成功？""他们具有什么样的素质""大家可以从他身上学习到什么？"等等问题。下面我根据您手中的"中国教练员行为事件访谈提纲（B）"问您一些问题，这些问题都是您在过去一年或者一年半工作中所经历的 2～3 个"关键事件"，包括成功的事件和不成功的事件。每提一个问题，我都会给你考虑时间，以便您整理自己的思路。

第二步：行为事件描述

我向您保证，谈话记录仅供我们研究人员分析所用，对您所谈的每一句话，我们都将严格保密，绝对不向任何人扩散。在整理谈话内容的时候，也绝对不包含您的名字，并将去掉您所谈到的单位、部门和个人的名字。

一、最成功的三件事

作为一名教练员，在您的日常工作中肯定有许多您认为做得非常成功并引以自豪的事情。每件事情均包括以下问题：

1. 是什么事情，发生的原因是什么？

2. 都涉及了哪些人？

3.您当时头脑中都想到了什么了？即怎样看待这件事情？又是怎么看待涉及人的（积极或消极）？

4.您本人当时的感受如何（是否恐慌、自信、激动）？

5.您当时肯定会想到采取一些具体行动，您为什么想采取这些行动？

6.您实际上做或说了什么？

7.您是如何知道应该这样做或说的（您是如何知道这样做或说是正确的）？

8.结果如何？

第三步：成功的条件

问题一：任何一名教练员的成功都会受到很多外界因素的影响，包括运动员的基础、上级领导的态度、训练场地、资金的问题等，请问您认为影响您成功的因素主要有哪些？请简要说明理由。

问题二：在训练管理运动队的时候，您肯定会与很多人打交道，需要与那些对您有或可能有帮助的人建立和保持一定的关系，您认为最重要的关系是什么？这些关系主要有哪些特点？请简要说明。

问题三：在训练管理运动队的时候，运动员、上级领导者等的特点以及您与他们之间的关系会在一定程度上影响你的成功，您认为其中最重要的影响和关系是什么？

问题四：作为一名教练员，您认为哪些个人特征帮助您不断走向成功？

问题五：您认为一个运动员要取得好成绩，关键在于教练员（的指导）还是他本人（的努力）？

非常感谢您能抽出宝贵时间接受我的访谈，谢谢！

附录 C 拳击教练员胜任力调查表
（专家调查问卷）

尊敬的专家：

　　您好！

　　我是山东体育学院拳击课程负责人卜宪贵，目前正在进行我国拳击教练员的胜任力研究工作。本次调查旨在研究我国拳击教练员的胜任力。您是我国拳击运动训练方面的专家，非常诚恳地期望得到您的意见和建议，对您的指导表示真诚的感谢！

　　　　　　　　　　　　　　　　　　　　山东体育学院：卜宪贵

　　说明：

　　1. 拳击教练员的胜任力是指"在拳击运动训练实践中，能将高绩效教练员与普通教练员区分开来的，并可以被可靠测量的个体特征和行为技能"。

　　2. 本问卷只作为完成博士论文使用，您的答案无对错之分，您的观点不会对您造成任何影响。

　　您的基本信息：

　　（1）性别：1. 男　2. 女

　　（2）所在单位（部门）：

　　（3）文化水平：1. 大专　2. 本科　3. 研究生

　　（4）教练职称：1. 初级　2. 中级　3. 高级　4. 国家级

　　（5）教师职称：1. 讲师　2. 副教授　3. 教授

第一部分：

关于拳击教练员的胜任力，我们认为是指"在拳击运动训练实践中，能将高绩效教练员与普通教练员区分开来的，并可以被可靠测量的个体特征和行为技能"。依据管理学胜任力研究中经典的"冰山模型"（知识、技能、自我概念、特质与动机）的空间要素为维度分类的依据，并结合拳击教练员的工作特性和职责要求，我们把以下拳击教练员的胜任力要素（见下表中的内容）分为6个大的维度，第一个维度是"专业知识"，第二个维度是"专业技能"，第三个维度是"管理技能"，第四个维度是"职业态度"，第五个维度是"个人特质"，第六个维度是"人际关系"。

拳击教练员的胜任力维度与胜任指标分类表

维度	胜任力素质
专业知识	选材知识　体能训练知识　专项经验　持续学习
专业技能	训练负荷控制　计划能力 临场指挥 创新能力 关注细节　技术诊断　收集信息　伤病预防
职业态度	责任心　主动性
管理技能	沟通　激励　影响力　解决问题
个人特质	成就动机　自我控制　竞争性　应变力
人际关系	支持　协作　团队合作

1. 您认为这种分法是否合理？

①很合理　②比较合理　③一般　④比较不合理　⑤很不合理

2. 您认为这种分法是否准确地反映了拳击教练员胜任力的实际情况？

①很准确　②比较准确　③一般　④比较不准确　⑤很不准确

3. 您认为这种分法是否全面反映了拳击教练员胜任力的全部内容？

①很全面　②比较全面　③一般　④比较不全面　⑤很不全面

4. 如果您觉得这样分不合理，您觉得该如何分类？

5. 您认为还有其他的教练员胜任力内容吗？

第二部分：

请将你所选择的拳击教练员的胜任力指标划分到下面的胜任力维度中，如对于"选材知识"，您认为是属于维度二"专业知识"，请您在"专业知识"维度下的序号上打√号，以此类推。如果您认为还有其他分类请在"其他维度"下的序号上打√号。

拳击教练员胜任力指标维度划分表

编号	名称	维度一 专业 知识	维度二 专业 态度	维度三 专业 技能	维度四 管理 技能	维度五 个人特质	维度六 人际关系	其他维度
1	选材知识	1	2	3	4	5	6	7
2	体能训练知识	1	2	3	4	5	6	7
3	临场指挥	1	2	3	4	5	6	7
4	沟通能力	1	2	3	4	5	6	7
5	成就动机	1	2	3	4	5	6	7
6	主动性	1	2	3	4	5	6	7
7	训练负荷控制	1	2	3	4	5	6	7
8	责任心	1	2	3	4	5	6	7
9	持续学习	1	2	3	4	5	6	7
10	技术诊断	1	2	3	4	5	6	7
11	自我控制	1	2	3	4	5	6	7
12	计划能力	1	2	3	4	5	6	7
13	解决问题能力	1	2	3	4	5	6	7
14	专项经验	1	2	3	4	5	6	7

编号	名称	维度一 专业 知识	维度二 专业 态度	维度三 专业 技能	维度四 管理 技能	维度五 个人特 质	维度六 人际关 系	其他 维度
15	预防伤病	1	2	3	4	5	6	7
16	创新能力	1	2	3	4	5	6	7
17	支持	1	2	3	4	5	6	7
18	协作	1	2	3	4	5	6	7
19	关注细节	1	2	3	4	5	6	7
20	团队合作	1	2	3	4	5	6	7
21	激励	1	2	3	4	5	6	7
22	收集信息	1	2	3	4	5	6	7
23	影响力	1	2	3	4	5	6	7
24	竞争性	1	2	3	4	5	6	7
25	应变力	1	2	3	4	5	6	7

衷心感谢您的帮助和指导！

附录 D 拳击教练员胜任力测量初始问卷 （自评式）

尊敬的教练员：

您好！

本研究旨在调查拳击教练员的胜任力水平，诚邀您填答以下问卷。本次调查采用不记名的方式并且丝毫不涉及您的隐私，问卷的题目无对错之分，您的答案将完全保密。由于问卷不完整会失去研究价值，请您务必不要遗漏任何一项。衷心地感谢您的支持与合作。

说明：

1. 拳击教练员的胜任力是指"在拳击运动训练实践中，能将高绩效教练员与普通教练员区分开来的，并可以被可靠测量的个体特征和行为技能"。

2. 本问卷分三部分，第一部分是有关您个人及执教成绩信息，请在相应的序号上打"√"，或在"——"部分填写相关信息；第二部分是田径教练员的胜任力特征问卷；第三部分是对田径教练员工作绩效的问卷。请您认真阅读所有项目，并按照自己的真实情况在您认为合适的等级（相应的数字）上打"√"。

一、您的基本信息

1. 性　别：①男　②女

2. 执教岗位：①基层队教练 ②专业队教练

3. 年　龄：①30 岁以下　②31～40 岁 ③41～50 岁 ④51 岁以上

4. 执教年限：①5 年以下　②5～10 年　③10～15 年 ④15 年

以上

5.最终学历：①中专　　②大专　③本科及以上

6.教练级别：①（无）初级 ②中级 ③高级 ④国家级

7.近3年所执教的运动员的最好成绩

参加_____比赛（①男子②女子项目），获得第___名

8.近3年输送运动员：①有___名 ②无

9.近3年选拔运动员：①有___名 ②无

二、拳击教练员胜任力问卷

本部分左边是对拳击教练员在实际工作中的一些行为的描述，右边为1～5个等级水平（①完全不符合；②基本不符合；③不确定；④基本符合；⑤非常符合），请您参照行为描述，对自己工作中的实际表现与它的符合程度做出评价。

拳击教练员胜任力测量初始量表

序号	胜任特征的行为描述	完全不符合	基本不符合	说不清楚	基本符合	非常符合
1	鼓励运动员表达其思想、见解、情感，引导进行交流	1	2	3	4	5
2	指导运动员训练、比赛这项具有挑战性工作最能吸引我	1	2	3	4	5
3	在训练中，积极使用新训练理念、手段与方法	1	2	3	4	5
4	与运动员相处能通过自身人格魅力使运动员服从安排和管理	1	2	3	4	5
5	待运动员如自己的孩子	1	2	3	4	5
6	注意训练方法、计划等细节之处，对不同运动员的训练方法、手段、量和负荷等都做严格的要求和规定	1	2	3	4	5

序号	胜任特征的行为描述	完全不符合	基本不符合	说不清楚	基本符合	非常符合
7	要求运动员在训练、比赛中关注技术动作的细节	1	2	3	4	5
8	处理问题时注意细小的环节，顾及他人的处境和心理感受	1	2	3	4	5
9	采用按摩法、营养法或心理疗法帮运动员消除运动疲劳	1	2	3	4	5
10	制定详细的周、课训练计划、使运动员取得良好的训练效果	1	2	3	4	5
11	对运动员在训练、比赛中出现的问题能准确判断并解决	1	2	3	4	5
12	经常对运动员拳击技术动作进行恰当的讲解与分析	1	2	3	4	5
13	积极关注当今世界拳击运动的发展趋势	1	2	3	4	5
14	与运动员沟通时使用一定的技巧，如倾听、回应等方式	1	2	3	4	5
15	能对前人和自己的训练比赛经验进行总结并提出新的见解	1	2	3	4	5
16	了解拳击最新技术信息	1	2	3	4	5
17	营造愉快的训练氛围，能让运动员享受拳击训练的快乐	1	2	3	4	5
18	在与运动队成员相处中所体现出的个人魅力使得他人能够服从安排和管理	1	2	3	4	5
19	将运动员所犯一般错误看作其成长中的正常现象来客观看待	1	2	3	4	5

序号	胜任特征的行为描述	完全不符合	基本不符合	说不清楚	基本符合	非常符合
20	设置恰当的物质、精神奖励，激发运动员参与训练和比赛的动机	1	2	3	4	5
21	给每个运动员都设计了一套完整且具针对性的训练计划	1	2	3	4	5
22	喜欢在这种充满挑战和竞争对手的环境中工作	1	2	3	4	5
23	有较好的运动员经历，熟悉不同的训练和比赛环境	1	2	3	4	5
24	能将科学选材知识与自身经验选材相结合选拔运动员	1	2	3	4	5
25	积极参加各种培训，积累了丰富的拳击训练理论和实践知识	1	2	3	4	5
26	关注运动员训练过程中身心反应，合理调整训练量和训练强度	1	2	3	4	5
27	在运动员成长中，做到各方面细心周到，使其养成好习惯	1	2	3	4	5
28	自身积累了一系列发展运动员专项体能的先进手段、方法	1	2	3	4	5
29	对发展拳击运动员速度、力量、耐力等素质的生理机理很了解	1	2	3	4	5
30	当遇到自己不能解决的问题时，常常会焦虑不安	1	2	3	4	5
31	清楚个人力量有限，渴望通过团队力量来更好地完成任务	1	2	3	4	5
32	经常了解所带运动员一些训练以外的事情，帮助其解决生活和学习问题	1	2	3	4	5

序号	胜任特征的行为描述	完全不符合	基本不符合	说不清楚	基本符合	非常符合
33	根据场上变化进行战术决策，善于观察、分析、思考，及时调整技战术	1	2	3	4	5
34	通常对训练、比赛中可能出现的问题做多种解决方案	1	2	3	4	5
35	关心并帮助运动员谋划现役及退役后的长远规划	1	2	3	4	5
36	设身处地为运动员着想，使其能主动、积极地投入训练和比赛	1	2	3	4	5
37	把提高运动员成绩与保持运动员健康看得同等重要	1	2	3	4	5
38	能对运动员拳击技术动作做出科学诊断，及时纠正错误动作	1	2	3	4	5
39	能做到赛前技战术安排计划性与比赛时指挥灵活应变性	1	2	3	4	5
40	主动钻研或请教，不断提高对拳击运动规律和特性的认识	1	2	3	4	5
41	亲自去训练场、比赛现场了解对手状况及技战术优缺点	1	2	3	4	5
42	既能指导运动员训练，又能帮助运动员学好文化知识	1	2	3	4	5
43	通过通信方式向相关专业人事征求意见	1	2	3	4	5
44	每次训练能给运动员适宜训练负荷，处理好负荷与恢复关系	1	2	3	4	5
45	自己在训练工作中的无偿付出不做过多计较	1	2	3	4	5

序号	胜任特征的行为描述	完全不符合	基本不符合	说不清楚	基本符合	非常符合
46	对拳击运动员选材科学指标体系很了解，并能运用到实践中	1	2	3	4	5
47	能与上级领导建立融洽的人脉关系	1	2	3	4	5
48	遇到重要问题广泛听取团队成员的意见和建议	1	2	3	4	5
49	我具有良好的公关能力	1	2	3	4	5
50	认真做好准备活动，科学安排训练顺序，预防伤病发生	1	2	3	4	5
51	可以从其他省市获得具有发展潜力的拳击运动员青少年队员	1	2	3	4	5
52	大负荷训练后都能使用科学手段掌控运动员训练反应	1	2	3	4	5
53	分解任务，简化问题，按重要性区分完成的优先次序	1	2	3	4	5
54	重视运动员感受，不伤害其自尊心，并给予更多的自主权	1	2	3	4	5
55	认真对待训练工作中的每件事	1	2	3	4	5
56	将运动队各个工作人员视为重要合作伙伴，寻求合作与帮助	1	2	3	4	5
57	如何比同行做得更好对自己来说很重要	1	2	3	4	5
58	宏观考虑训练工作中遇到的问题，归纳、总结其中关系和模式	1	2	3	4	5
59	经常给运动员讲解运动损伤预防知识，克服麻痹思想	1	2	3	4	5
60	能熟练制定运动训练周期性计划，保证训练、比赛的科学性	1	2	3	4	5

续表

序号	胜任特征的行为描述	完全不符合	基本不符合	说不清楚	基本符合	非常符合
61	充分激发运动员，建立融洽的气氛，带领运动员共同前进	1	2	3	4	5
62	比赛时能保持清醒的头脑	1	2	3	4	5
63	为成功完成训练工作而保持高度的热情和付出额外的努力	1	2	3	4	5
64	视培养优秀拳击运动员和推动中国拳击运动的发展为己任	1	2	3	4	5
65	运用现代多媒体技术进行收集训练、比赛等信息进行分析	1	2	3	4	5
66	有一套个人收集信息的方式、方法，如通过与队员聊天	1	2	3	4	5
67	训练、管理、比赛中遇到困难，不放弃，主动寻求解决方法	1	2	3	4	5
68	可以在训练经费保障、运动员安置等方面能获得支持	1	2	3	4	5
69	与许多省市拳击队有着良好联系和交流	1	2	3	4	5
70	理解运动员的情绪和感觉，同时也能得到运动员的理解	1	2	3	4	5
71	与运动员发生矛盾或处理突发事件时，能保持沉着冷静，能适时控制自身言行	1	2	3	4	5

问卷到此结束，再次感谢您的支持与合作！

附录E 拳击教练员胜任力测量正式问卷（自评式）

尊敬的教练员：

您好！

本研究旨在调查拳击教练员的胜任力水平，诚邀您填答以下问卷。本次调查采用不记名的方式并且丝毫不涉及您的隐私，问卷的题目无对错之分，您的答案将完全保密。由于问卷不完整会失去研究价值，请您务必不要遗漏任何一项。衷心地感谢您的支持与合作。

说明：

1. 拳击教练员的胜任力是指"在拳击运动训练实践中，能将高绩效教练员与普通教练员区分开来的，并可以被可靠测量的个体特征和行为技能"。

2. 本问卷分三部分，第一部分是有关您个人及执教成绩信息，请在相应的序号上打"√"，或在"——"部分填写相关信息；第二部分是田径教练员的胜任力特征问卷；第三部分是对田径教练员工作绩效的问卷。请您认真阅读所有项目，并按照自己的真实情况在您认为合适的等级（相应的数字）上打"√"。

一、您的基本信息

1. 性　别：①男　　②女

2. 执教岗位：①基层队教练　②专业队教练

3. 年　龄：①30岁以下　②31～40岁　③41～50岁　④51岁以上

4. 执教年限：①5年以下　　②5～10年　　③10～15年　④15年

以上

5. 最终学历：①中专　②大专　③本科及以上

6. 教练级别：①（无）初级　②中级　③高级　④国家级

7. 近 3 年所执教的运动员的最好成绩

参加＿＿＿比赛（①男子、②女子项目），获得第＿＿名

8. 近 3 年输送运动员：①有＿＿名　②无

9. 近 3 年选拔运动员：①有＿＿名　②无

二、拳击教练员胜任力问卷

本部分左边是对拳击教练员在实际工作中的一些行为的描述，右边为 1～5 个等级水平（①完全不符合；②基本不符合；③不确定；④基本符合；⑤非常符合），请您参照行为描述，对自己工作中的实际表现与它的符合程度做出评价。

拳击教练员胜任力测量正式量表

序号	胜任特征的行为描述	完全不符合	基本不符合	说不清楚	基本符合	非常符合
1	每次训练能给运动员适宜训练负荷，处理好负荷与恢复关系	1	2	3	4	5
2	大负荷训练后都能使用科学手段掌控运动员训练反应	1	2	3	4	5
3	关注运动员训练过中身心反应，合理调整训练量和训练强度	1	2	3	4	5
4	给每个运动员都设计了一套完整且具有针对性的训练计划	1	2	3	4	5
5	制定详细的周、课训练计划使运动员取得良好的训练效果	1	2	3	4	5
6	能熟练制定运动训练周期性计划，保证训练、比赛的科学性	1	2	3	4	5

序号	胜任特征的行为描述	完全不符合	基本不符合	说不清楚	基本符合	非常符合
7	根据场上变化进行战术决策，善于观察、分析、思考，及时调整技战术	1	2	3	4	5
8	能做到赛前技战术安排计划性与比赛时指挥灵活应变性	1	2	3	4	5
9	能对前人和自己的训练比赛经验进行总结并提出新的见解	1	2	3	4	5
10	在训练中，积极使用新训练理念、手段与方法	1	2	3	4	5
11	注意训练方法、计划等细节之处，对不同运动员的训练方法、手段、量和负荷等都作严格的要求和规定	1	2	3	4	5
12	要求运动员在训练、比赛中关注技术动作的细节	1	2	3	4	5
13	在运动员成长中，做到各方面细心周到，使其养成好习惯	1	2	3	4	5
14	经常对运动员拳击技术动作进行恰当的讲解与分析	1	2	3	4	5
15	能对运动员拳击技术动作做出科学诊断，及时纠正错误动作	1	2	3	4	5
16	运用现代多媒体技术进行收集训练、比赛等信息进行分析	1	2	3	4	5
17	亲自去训练场、比赛现场了解对手状况及技战术优缺点	1	2	3	4	5
18	有一套个人收集信息的方式、方法，如通过与队员聊天	1	2	3	4	5
19	认真做好准备活动，科学安排训练顺序，预防伤病发生	1	2	3	4	5

序号	胜任特征的行为描述	完全不符合	基本不符合	说不清楚	基本符合	非常符合
20	采用按摩法、营养法或心理疗法帮运动员消除运动疲劳	1	2	3	4	5
21	经常给运动员讲解运动损伤预防知识，克服麻痹思想	1	2	3	4	5
22	理解运动员的情绪和感觉，同时也能得到运动员的理解	1	2	3	4	5
23	设身处地为运动员着想，使其能主动、积极地投入训练和比赛	1	2	3	4	5
24	与运动员沟通时使用一定的技巧，如倾听、回应等方式	1	2	3	4	5
25	设置恰当的物质、精神奖励，激发运动员参与训练和比赛的动机	1	2	3	4	5
26	鼓励运动员表达其思想、见解、情感，引导其进行交流	1	2	3	4	5
27	与运动员相处时能通过自身人格魅力使运动员服从安排和管理	1	2	3	4	5
28	在与运动队成员相处中所体现出的个人魅力使得他人能够服从安排和管理	1	2	3	4	5
29	将运动员所犯一般错误看作其成长中的正常现象来客观看待	1	2	3	4	5
30	通常对训练、比赛中可能出现的问题做多种解决方案	1	2	3	4	5
31	宏观考虑训练工作中遇到的问题，归纳、总结其中关系和模式	1	2	3	4	5
32	对拳击运动员选材科学指标体系很了解，并能运用到实践中	1	2	3	4	5

序号	胜任特征的行为描述	完全不符合	基本不符合	说不清楚	基本符合	非常符合
33	能将科学选材知识与自身经验选材相结合选拔运动员	1	2	3	4	5
34	自身积累了一系列发展运动员专项体能的先进手段、方法	1	2	3	4	5
35	对发展拳击运动员速度、力量、耐力等素质的生理机理很了解	1	2	3	4	5
36	有较好的运动员经历，熟悉不同的训练和比赛环境	1	2	3	4	5
37	对运动员在训练、比赛中出现的问题能准确判断并解决	1	2	3	4	5
38	积极参加各种培训，积累了丰富的拳击训练理论和实践知识	1	2	3	4	5
39	积极关注当今世界拳击运动的发展趋势	1	2	3	4	5
40	主动钻研或请教，不断提高对拳击运动规律和特性的认识	1	2	3	4	5
41	指导运动员训练、比赛这项具有挑战性工作最能吸引我	1	2	3	4	5
42	视培养优秀拳击运动员和推动中国拳击运动的发展为己任	1	2	3	4	5
43	重视运动员感受、不伤害其自尊心、并给予更多的自主权	1	2	3	4	5
44	与运动员发生矛盾或处理突发事件时，能保持沉着冷静，能适时控制自身言行	1	2	3	4	5
45	喜欢在这种充满挑战和竞争对手的环境中工作	1	2	3	4	5
46	如何比同行做得更好对自己来说很重要	1	2	3	4	5

序号	胜任特征的行为描述	完全不符合	基本不符合	说不清楚	基本符合	非常符合
47	营造愉快的训练氛围，能让运动员享受拳击训练的快乐	1	2	3	4	5
48	既能指导运动员训练，又能帮助运动员学好文化知识	1	2	3	4	5
49	能与上级领导建立融洽的人脉关系	1	2	3	4	5
50	可以在训练经费保障、运动员安置等方面获得支持	1	2	3	4	5
51	充分激发运动员，建立融洽的气氛，带领运动员共同前进	1	2	3	4	5
52	与许多省市拳击队有着良好联系和交流	1	2	3	4	5
53	可以从其他省市获得具有发展潜力的拳击运动员青少年队员	1	2	3	4	5
54	遇到重要问题时广泛听取团队成员的意见和建议	1	2	3	4	5
55	将运动队各个工作人员视为重要合作伙伴，寻求合作与帮助	1	2	3	4	5
56	清楚个人力量有限，渴望通过团队力量来更好完成任务	1	2	3	4	5
57	为成功完成训练工作而保持高度的热情和付出额外的努力	1	2	3	4	5
58	把提高运动员成绩与保持运动员健康看得同等重要	1	2	3	4	5
59	关心并帮助运动员谋划现役及退役后的长远规划	1	2	3	4	5
60	训练、管理、比赛中遇到困难，不放弃，主动寻求解决方法	1	2	3	4	5

序号	胜任特征的行为描述	完全不符合	基本不符合	说不清楚	基本符合	非常符合
61	对自己在训练工作中的无偿付出不做过多计较	1	2	3	4	5
62	经常了解所带运动员一些训练以外的事情，帮助其解决生活和学习问题	1	2	3	4	5

问卷到此结束，再次感谢您的支持与合作！

附录 F　基于拳击教练员胜任力模型的
山东省拳击教练员岗位培训表

一级指标	分值	二级指标	测试内容	分值
专业知识	30	选材知识	理论考核	20
		体能训练知识		
		专项经验		
		持续学习	学历、继续教育	10
专业技能	30	训练负荷控制	理论考核	15
		计划能力		
		伤病预防		
		创新能力		
		收集信息		
		技术诊断	实操考核	15
		临场指挥		
		关注细节		
职业态度	10	责任心	评价表	10
		主动性		

中国拳击教练员胜任力模型构建与实证研究

续表

一级指标	分值	二级指标	测试内容	分值
管理技能	15	沟通	评价表	15
		激励		
		团队合作		
		影响力		
		解决问题		
个人特质	5	成就动机	评价表	5
		自我控制		
		竞争性		
		应变力		
人际关系	10	支持	评价表	10
		协作		

附录 G　开放编码界定的范畴和概念

z	主范畴	概念	典型编码例证
1	专项经验	教练员自身的专项经历感受、经验性知识	P1-2 他打拳有内涵有想 P7-4 感觉他和我的打法很相似
2	体能训练知识	教练员对于拳击专项进行身体结构功能的训练知识	P2-2 经常进行核心力量训练 P3-7 强调专项力量的训练教学
3	临场指挥	比赛场上教练员的技战术安排与指挥能力	P2-3 现场的指挥对运动员技术发挥至关重要 P13-5 充分发挥自己特长抑制对手发挥
4	沟通能力	教练员与运动员以及工作人员的交流沟通反馈	P8-4 他们经常过来找我谈训练体会 P13-2 训练计划制定后我们都要开队会商量的
5	成就动机	是教练员追求自认为重要的有价值的工作，并使之达到完美状态的动机	P10-12 肯定要拿全运会冠军的 P6-3 一直盼着他能去打奥运会
6	选材知识	教练员对运动员选拔的标准和要求	P10-3 我都选身高臂长脖子短的运动员 P10-1 我找那些跑的快力量大的运动员
7	训练负荷的控制	教练员对于专项运动量与运动强度的监控	P4-7 不能练疲了不然没有状态 P5-20 该调整的时候就得大胆调

z	主范畴	概念	典型编码例证
8	应变能力	指教练员面对意外事件时,能迅速地做出的决策反应,使得事件妥善解决的能力	P13-6 我感觉带队能体现我的人生价值 P9-4 我把运动员当自己孩子来看待
9	持续学习	教练员坚持学习专业前沿知识、不断的进修学习提高	P1-15 教练员学习班有机会都去参加 P7-4 新规则的使用对运动员打法影响很大
10	技术诊断	教练员对运动员技术的规范性进行指导纠正	P9-2 动作幅度大的运动员得技术纠正 P1-8 勾拳没力是因为腰髋发力脱节
11	自我控制	教练员对自我心理和行为的掌握	P6-9 我没有将自己的情绪带到训练中
12	计划能力	教练员对于教学训练阶段和过程的规划能力	P12-1 前两年练习专项素质与基本功 P5-9 赛前阶段保持状态很关键
13	解决问题能力	教练员能预见到问题,同时还要有决策力和执行力	P7-8 右肩损伤后我让他改成左架拳手 P11-2 体重下不来我带他汗蒸
14	区别对待	指教练员针对不同运动员个体的实际情况而采取的不同的应对策略	P1-7 我给他讲了要发挥他的特长加强中近距离的拼打 P11-12 针对性的加强上肢力量练习
15	伤病预防	教练员对于运动员伤病的预防及控制	P12-1 训练完是不能洗凉水澡的 P10-2 打沙包一定要把绷带缠紧
16	创新能力	教练员根据自己的认知进行的技术改革	P6-5 让运动员带着护齿跑步和跳绳 P8-6 女孩经常和男孩一块打实战
17	激励	指教练员激发运动员的动机和潜力,使其心理过程始终保持在激奋的状态中,鼓励人朝着所期望的目标采取行动的心理过程。	P1-8 我经常在队会上表扬他 P14-1 我们训练很有激情,经常一块打

z	主范畴	概念	典型编码例证
18	协作	指在训练比赛管理过程中的部门与部门、人与人之间的协调配合	P1-6XX 队负责伙食补助 P8-15 让队医联系的北京三院做检查
19	收集信息	指教练员通过各种渠道获取与比赛有关的各方面信息	P1-21 我把他的六场比赛的视频反复观看研究 P8-7 通过国际裁判拿到了对手国外比赛录像
20	执教理念	指教练员个体对所从事专项教学训练前沿性发展趋势的认知与判断	P7-9 我们的宗旨就是以我为主，以快打慢 P8-16 平时强调打调结合、积极主动
21	主动性	教练员按照自己的计划和目标行动，而不依赖外力推动的行为品质	P9-9 训练提前半小时进馆，教练员要比运动员先到 P8-6 身体允许的情况下我坚持和运动员一起练
22	团队意识	指教练员的整体配合意识，相信团队成员，促进合作	P1-23，没有整个团队作保障，我们根本走不到今天。 P14-1 体能教练、队医我们每天都要开会
23	关注细节	指教练员在训练比赛过程中对于运动员技术身体等细微环节的关注与把握	P9-13 训练中强化后手直拳的内旋扣腕发力 P1-17 我让他到我房间休息，将他手机收了电视关了
24	支持	指上级主管领导的政策、经费、场地、器材等各方面的帮助	P1-5 中心领导协调了住宿问题 P1-17 主管领导给与了经费参赛支持
25	洞察力	指教练员深入事物或问题的能力，准确地认识事物复杂多变的内外相互关系的能力	P6-11 发现这个小孩很有灵性， P2-9 他能力只发挥了一半，还有潜力

z	主范畴	概念	典型编码例证
26	竞争性	指教练员个体为了完成训练目标获取成功而采取的相应行动	P8-21 我和队员一起把决心书贴在训练馆的墙上 P10-8 和男队员相比我们的训练强度一点都不低
27	影响力	指的是教练员用一种为别人所乐于接受的方式，改变他人的思想和行动的能力。	P4-9 回来后更听我的话了，我做的训练计划他都保质保量的完成 P3-14 近半年的早操运动员没有迟到的
28	责任心	教练员个人对自己和他人、对家庭和集体、对国家和社会所负责任的认识、以及承担责任和履行义务的自觉态度。	P5-9 早操我每天都出的 P4-13 晚上查房还是必须的

后记
星光不问赶路人
——致敬留学岁月

　　2014 年 6 月我到国外留学攻读管理学博士，出国前为山东体育学院的副教授。笔试通过后，在面试的时候面试官问了我一个问题：运动员出身的拳击教练员攻读 PhD 博士是不是太有挑战性？我当时信心满满地说我是运动员出身，我能吃苦，也有韧性，就想出去好好地学点东西。

　　理想很丰满，现实很骨感，到了学校学习的时候才发现很多理论都不懂，很多研究方法也不会，跨专业学习的压力太大了。为了弥补理论上的不足，课余时间就泡在图书馆，经常向授课的教授请教各种学术问题，一年的时间不知不觉就过去了。博士课程结束后要进行博士综合考，也就是博士候选人资格考试，分为笔试和面试，压力陡增，特别是我们前两届的博士师兄和学姐都有不过关的，比例还不少，也就是没法进行博士论文写作程序，得延迟毕业。

　　笨鸟先飞，提前半年时间开始准备，每天早上四点钟起床，起床时眼睛都睁不开，强迫自己洗个冷水澡，然后泡杯茶开始一天的工作。每天都要看大量的文献，印象最深的是 2015 年 1 月 27 日，因早饭没吃在图书馆坐了四个半小时没有动，一站起来两眼一黑，瞬间没了知觉，醒来后我发了半天呆，脑子里一片空白。晚上回到房间后我流泪了，不是害怕，而是委屈，心里无比孤独与无助！背井离乡，舍家撇业，所为何事啊？纵使艰难困苦，仍旧含泪努力奔跑，一遍遍地暗示自己是个勇敢的人，不害怕孤独，鼓励自己要坚持住，因为求学的路是自己选的。

我是个比较愚笨的人，用了最笨的办法来做研究。又用了半年的时间精读了近 20 年的 600 余篇国内外相关文献，为了加强记忆，我采用手工作业与电子存档相结合的方式梳理文献，手稿写了一纸箱，对于研究的现状有了清晰深刻的认识，综合考的笔试和面试我顺利通过了，可以进入博士论文写作流程了。

博士论文写作开始前要进行博导和研究生的双方互选，我选了一个博导，被拒绝了，原因是选他的人太多了，没有了名额。我又选了第二位博导，又没有成功，原因估计是博导看我的学术背景比较差，认为我很难毕业。我的硕士研究生教育是体育学硕士和教育学硕士，不是学管理的。我没得选了，陷入了两难境地。最后我的班主任、博士副导师 Junfeng Qin 给我推荐了一个导师刘先生。我将我的研究规划和研究思路给刘老师汇报后，刘老师选择了我，我们成了整个管理学院最特别的一对师生：一个博导带一个博士研究生。刘老师随和严谨，常常鼓励我好好做研究，我也知道我要更加努力，因为博士要经过四次答辩并且完成国际会议和期刊发表的学术积分才可以申请毕业。

国外博士论文的写作要求理论创新，这个对于任何一个攻读博士学位的人来说都是一个巨大的考验，对于理论创新的认识是一个逐渐深入的过程，前面有师哥学姐迟迟不能答辩。我经常在图书馆发呆，理论创新太折磨人了，对于理论创新认知的过程需要不断地提升和探索。我的博导刘先生告诉我读博就是赌博，因为你根本没法预期将来做出的东西能不能得到认可，但是你必须要坚持去做。想都是问题，做才有答案，我决心再用半年时间梳理文献，找出理论研究不足作为我研究的起点。

2016 年 5 月 26 日在曼谷大学的国际会议中做专题报告《中国优秀拳击教练员职业素质研究》得到了参会同行的认可和肯定，接着又参加了第二次国际会议做专题报告，两次国际会议的参会使我的研究得到了认同，研究方向更加清晰。在此期间我的父亲正在北京做声带切除手术，正值我博士论文答辩期间无法回国，两件事刻骨铭心。博士论文写完一多半的时候，还有三周就要博士论文第二次答辩。一天下午我把论文做好保存到了桌面上，然后就去吃饭了。吃完饭回来后发现电脑打不开了，我抱着电脑去了三个电脑维修店，得到的答复是一致的，我的笔记本电脑由于连续 183 天待机，电脑主板烧了，意味着我八万字的研究成果要重写。当时已近崩溃，由于没有备份，只能凭记忆又重新写了一遍，当时的心境可想而知。由于长时间压力大，加上着急上火，口舌生疮，牙疼，牙龈肿胀，张不开嘴，喝水都困难。连续两周的时间，我都无法正常吃东西，只能每天去买苦瓜榨汁作为唯一的食物。每天下午疯狂跑步，还是不见好转。同学关心地送来了消炎药，吃了之后还是不见效果，我想是压力太大了。持续了一个月左右才可以正常饮食。父亲手术前我妹跟我通了电话，她担心这是坏病，我心如刀绞，父亲孤零零一人在医院检查和手术，那种落寞和无助使我夜不能寐，惭愧，内疚，自责。父亲发信息安慰我说没事，不用挂心，只是个小手术，要我好好做学问，安心学业，我含泪回复信息，一定脚踏实地地当好学者做好研究。一个月后，我路过 Seven Eleven（711）商店的时候看到有体重秤，好奇地称了一下，发现自己的体重比刚来留学的时候轻了 40 多斤。

第二次博士论文答辩我全票通过，第三次答辩全票通过，第四次答辩全票通过。我成了正大管理学院的博士楷模，中国研究生院院长 Natee 教授经常拿我举例来给新博士打气，说一个拳击教练员可以克服跨专业的困难，通过自己的努力和勤奋，完成学业，得到所有博导的认可，你们难道不行吗？

回国后我将自己的研究成果陆续发表，目前已发 SCI、EI 论文三篇，体育核心期刊三篇，也算是给我的留学生涯一个交代了。但我经常想起 2015 年、2016 年、2017 年的大年初一在图书馆做学术的情景，也经常梦到自己在图书馆晕倒的情景，因此我想，写本专著吧，以慰平生。

"世界上有一样东西，比任何别的东西更忠诚于你，那就是你的经历，你在经历中的感受和思考。它们仅仅属于你，不能转让给任何人，而只要你珍惜，也会是你最可靠的财富，无人能够夺走。可是如果你不珍惜，就会随岁月而流失，在世界任何地方都找不到了。"

最后感谢在我在泰国博士留学期间和在俄罗斯做访问学者期间给予我关心和帮助的各位亲人！是你们给了我勇气让我战胜困难挫折。好事但行，前程莫问。

星光不问赶路人，愿时光不负有心人。

2019 年 3 月 25 日

作　者